O universo no peito

Dados Internacionais de Catalogação na Publicação (CIP)
(Câmara Brasileira do Livro, SP, Brasil)

Hediger, Markus A.
   O universo no peito : o encontro com a alma na imaginação ativa / Markus A. Hediger. – Petrópolis, RJ : Vozes, 2024.

   ISBN 978-85-326-6882-0

   1. Psicologia 2. Psicologia analítica 3. Psicologia junguiana I. Título.

24-200919   CDD-150.1954

Índices para catálogo sistemático:

1. Psicologia analítica junguiana   150.1954

Eliane de Freitas Leite – Bibliotecária – CRB 8/8415

O universo no peito
Markus A. Hediger

O encontro
com a alma
na imaginação
ativa

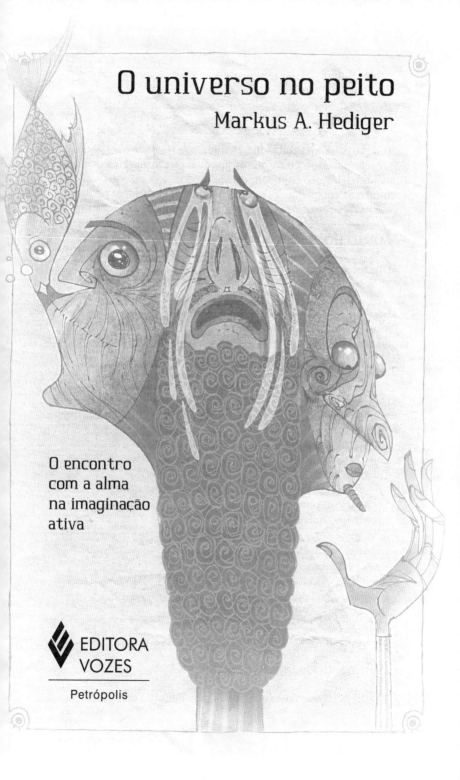

EDITORA VOZES

Petrópolis

© 2024, Editora Vozes Ltda.
Rua Frei Luís, 100
25689-900 Petrópolis, RJ, Brasil
www.vozes.com.br

Todos os direitos reservados. Nenhuma parte desta obra poderá ser reproduzida ou transmitida por qualquer forma e/ou quaisquer meios (eletrônico ou mecânico, incluindo fotocópia e gravação) ou arquivada em qualquer sistema ou banco de dados sem permissão escrita da editora.

CONSELHO EDITORIAL

Diretor
Volney J. Berkenbrock

Editores
Aline dos Santos Carneiro
Edrian Josué Pasini
Marilac Loraine Oleniki
Welder Lancieri Marchini

Conselheiros
Elói Dionísio Piva
Francisco Morás
Gilberto Gonçalves Garcia
Ludovico Garmus
Teobaldo Heidemann

Secretário executivo
Leonardo A.R.T. dos Santos

PRODUÇÃO EDITORIAL

Aline L.R. de Barros
Marcelo Telles
Mirela de Oliveira
Otaviano M. Cunha
Rafael de Oliveira
Samuel Rezende
Vanessa Luz
Verônica M. Guedes

Conselho de projetos editoriais
Isabelle Theodora R.S. Martins
Luísa Ramos M. Lorenzi
Natália França
Priscilla A.F. Alves

Revisão literária: Nina Cunha
Revisão técnica: Heloísa Longo
Diagramação: Editora Vozes
Revisão gráfica: Nilton Braz da Rocha
Capa: Editora Vozes
Ilustração de capa: biry Sarkis

ISBN 978-85-326-6882-0

Este livro foi composto e impresso pela Editora Vozes Ltda.

Para meus pais
que,
através de seu exemplo,
plantaram em mim
a semente do anseio
pelo sagrado.

SUMÁRIO

Agradecimentos, 9

Apresentação, 13

Prefácio, 21

1 – O encontro com C.G. Jung
A tradução dos *Livros Negros*.. 25

    O caçador do dragão submarino, 34

2 – O espelho de São Pedro
As primeiras imaginações ativas.. 49

    A pedra-lua, 60

3 – O sopro da alma
A descoberta do sagrado.. 63

    Achados e perdidos, 69

4 – A deusa negra
A desdogmatização do eu.. 73

    Rosa-Mãe, 95

5 – O zumbido do beija-flor
O mergulho no silêncio... 103

    Pai Girassol, 117

6 – A fragrância da rosa
A poesia do inconsciente 125

Os olhos de Sant'Lazaro, 145

7 – A floresta escura
A técnica da imaginação ativa 147

A pedra de Timbuctu, 167

Pósfácio, 169
Referências, 175

AGRADECIMENTOS

São tantas as pessoas às quais devo tanto nessa caminhada das minhas imaginações ativas. Tentarei contemplar todas elas em ordem cronológica:

Nunca me esquecerei daquele dia em que recebi o e-mail de **João Batista Kreuch**, na época secretário editorial da Editora Vozes, em que ele perguntou se eu estaria disposto a traduzir os *Livros Negros* de Carl Gustav Jung. Esse e-mail mudou minha vida.

Lembro-me também nitidamente das emoções que me inundaram durante a tradução dos *Livros Negros*. **C.G. Jung** despertou em mim a saudade da minha própria alma. Serei eternamente grato pelo sacrifício inimaginável que ele fez ao descer para o submundo do inconsciente e por me lembrar de que o vazio em meu peito contém um universo.

Agradeço a **Jorge Antônio Monteiro de Lima**, **Sílvio Lopes Peres** e **Nina Cunha**, todos eles analistas junguianos, que, como agentes numa sequência inacreditável de eventos, me apresentaram ao mundo da psicologia analítica.

E **Roberto Gambini**, onde eu estaria hoje sem você? Você foi e é meu navegador no mundo simbólico do inconsciente. Sua experiência como analista e, sobretudo, seu acolhimento foram imprescindíveis para que eu sobrevivesse e voltasse ileso, mas transformado, das minhas incursões ao inconsciente. Você é guia e professor, eterno aprendiz da alma, companheiro amado e, acima de tudo, "mein Bruder".

Minha gratidão se estende com muito carinho também a **Tereza Caribé**, que acreditou em mim e me apoiou desde o início, embora eu fosse um estranho à psicologia analítica, e me mostrou que mais importante do que a teoria é a vivência dos ensinamentos de Jung.

Meu coração se enche de gratidão e carinho quando penso em toda a equipe da **Editora Vozes**, que vem depositando sua confiança em meu trabalho como tradutor há tantos anos e, agora, teve a generosidade de acreditar em mim também como autor.

Conheci **Heloísa Longo** num dos meus cursos. Ela chamou minha atenção com sua escuta intensa e os comentários certeiros de uma analista sensível, que ampliavam e aprofundavam o tema que discutíamos. Ela aceitou a árdua tarefa de ser a primeira leitora deste livro e apontou repetições e inconsistências, pediu esclarecimentos e aprofundamentos e – sobretudo – me encorajou a persistir neste projeto, convencendo-me de que ele valia o esforço.

E, mais uma vez, **Nina Cunha**: como companheira e esposa, você acompanhou grande parte do processo descrito neste livro. Você suportou os dias difíceis após cada imaginação ativa em que a alma me confrontou com testes para ver se eu tinha entendido sua mensagem. Graças a você, entendi que a alma quer se manifestar não só no mundo dos sonhos e da imaginação, mas também no mundo concreto do dia a dia. O amor é um tema recorrente nas minhas imaginações ativas, e você, em sua generosidade, decidiu amar um homem que apenas acabou de se matricular na escola do amor.

Encerro esta lista com aquela que, desde o início, esteve presente em minha vida e, a despeito de minha cegueira e teimosia, nunca desistiu de me chamar e, finalmente, através de eventos que nenhuma fantasia seria capaz de conjurar e nem mesmo o mais teimoso dos seres humanos seria capaz de ignorar, se fez ouvir: **a Alma**.

APRESENTAÇÃO

Markus é um tradutor de altíssima qualidade. Um denso texto filosófico, por exemplo, originalmente escrito em alemão ou inglês, nos é por ele oferecido para leitura em nosso melhor vernáculo, embora, em conversas das mais sérias àquelas animadas por seu típico senso de humor, soe sempre um típico sotaquezinho que nunca abandona todo aquele cidadão de fala originalmente germânica – ou suíço-alemã, como é seu caso. Seu domínio de nosso português e seus amplos recursos vocabulares e semânticos são algo fora do comum. Markus traduziu uma boa quantidade de obras, ofício ao qual se dedica desde 2010. Em 2019, a Editora Vozes o contratou para traduzir, para entrega em curto prazo, os sete volumes dos diários de Carl Gustav Jung escritos a partir de 1913 e mantidos até 1932, quando são abruptamente encerrados, deixando por fecho uma frase inacabada. É que naquele ponto de sua longa e profícua carreira intelectual Jung passou a aprofundar-se no estudo da alquimia.

O internacionalmente famoso *Livro Vermelho* já havia sido publicado por essa editora em 2010. Os *Livros Negros,* assim chamados pelo próprio autor por serem um conjunto de cadernos de capa preta, registros dramáticos, incomuns, às vezes atemorizantes, de uma série de assustadoras e inclassificáveis experiências psíquicas, emocionais e imaginárias que Jung começou a ter com persistente frequência naquela época, que tem início logo após a ruptura com Freud. Solitário, desorientado, Jung volta-se para o que poderia sentir como o mais profundo e verdadeiro de si mesmo, passando a ter uma sequência pesada de experiências diretas, pessoais, assustadoras, das forças vivas do inconsciente, que, de início, o assolavam como um aterrorizante fluxo de lava vulcânica incandescente. Esse registro corajoso de um homem solitário é a certidão de nascimento daquilo que veio a ser a matéria humana de que foi feito aquele grande homem que Jung viria a se tornar, bem como a matéria-prima que posteriormente assumiu a forma literária e visual, posto que recheada de ilustrações de próprio punho, do que hoje é conhecido como *O Livro Vermelho.*

Como se não bastasse a dificuldade de traduzir um diário dessa peculiar natureza, Markus traduziu os *Livros Negros* a partir do fac-símile da escrita original de Jung. Estou convencido de que, quando se traduz a partir da leitura da própria caligrafia do autor, algo sutil, mas essencial, também é transmitido ao tradutor pela força da letra manuscrita. E Markus captou o que pôde dessa experiência rara, o que certamente não teria ocorrido se lhe tivesse sido entregue um exemplar da obra publicada em alemão.

Em seus diários, já disponíveis em português, Jung relata como descobriu que, em sua mente, ocorria uma atividade imaginária muito poderosa, cujas manifestações passou a anotar sistematicamente – tratava-se de cenas visuais em movimento, que eram como pequenos dramas, ou um grande teatro, muitas vezes um teatro mítico, surreal, violento, com atores que falavam e interagiam tendo por ambientação os mais inusitados cenários. Jung, de observador assustado e passivo no início, passou de espectador a ator falante, em contracena, perante as esquisitas e muitas vezes assustadoras figuras vivas que se lhe apresentavam no palco de suas imaginações. Esse foi o berço do que ele veio com o tempo a chamar de *Imaginação Ativa,* poderoso recurso para entrar em contato vivo com toda uma galeria de imagens do inconsciente, e que se tornou um recurso, nem sempre fácil de praticar ou manejar, tanto na formação como na prática clínica de analistas junguianos pelo mundo afora, contando hoje com vasta literatura. A tradução desse material histórico que nos ofereceu Markus Hediger estabelece uma das fundamentações históricas em nossa língua dotada do mais alto grau de veracidade.

O tradutor mergulhou em seu trabalho, ou melhor dizendo, nele submergiu e quase se afogou, quando então a tradução o transformou. A ninguém será dado traduzir uma obra dessa natureza e ficar impenetrável, impune, frio, neutro, como se a matéria a ser traduzida fosse, por exemplo, um livro técnico sobre uma máquina qualquer.

Ele certa vez me contou que, ainda durante a tradução, surgiu nele o desejo de fazer uma experiência com a Imaginação Ativa, já que sabia, com mais intimidade do que qualquer um de nós, como é que Jung procedia. Mas ele teve o bom-senso de ponderar e dizer a si mesmo: "Não, tenho que manter minha lucidez porque estou fazendo uma tradução, e depois, quando houver terminado, aí sim poderei experimentar como será a vivência de uma Imaginação Ativa". Bem, no momento oportuno ele aquietou-se, fechou os olhos, seguiu os passos descritos por Jung, a experiência "bateu" e ele ficou apavorado, as cenas imaginadas sucediam-se em torrente e o roteiro, as situações, as falas e ações dos personagens eram dramáticas demais, pesadas demais, duras demais de suportar. A Imaginação Ativa segundo as palavras de Jung que ele traduzira não era refresco. Nem material para o intelecto processar. Ardia. Queimava. Desestabilizava. Amedrontava. Então ele se deu conta de que precisava de um analista junguiano, porque já não sabia como dar conta sozinho da intensidade das experiências avassaladoras com as quais a Imaginação Ativa o inundava.

É nesse preciso ponto que ele certo dia me telefona e conta essa história, e eu sem hesitar lhe respondo: "Ouça, Markus, a Imaginação Ativa não é a minha especialidade. Quando estava fazendo minha formação em Zurique, tentei praticá-la e compartilhá-la com meus analistas, mas o que eu tinha a narrar, com desenhos e pinturas em anexo, era tão pobre, ridículo até, que a experiência não me convenceu.

As do Jung são as do Jung, as do Markus são as dele, mas as minhas…" No decorrer de muitos anos (na verdade, desde 1968) desenvolveu-se em mim uma afinidade, uma relação muito forte com os sonhos, que hoje, ao ouvi-los, entendo de imediato sua linguagem e pratico o que chamo de transliteração, e não interpretação, para que aquele que me conta seu sonho saiba que é possível aprender a entender a maravilhosa e perfeita linguagem imagético-simbólica de que se servem os sonhos para nos ajudar a viver nossa verdadeira vida. Disse-lhe então que se quiséssemos tentar, ao ouvir suas imaginações como ouço um sonho, talvez pudesse ajudá-lo a ir se familiarizando com aquela estranhíssima linguagem, que por outro caminho deveria certamente ser água da mesma fonte. Então fizemos um pacto.

Marcamos nosso primeiro encontro, que deve ter sido lá pelos idos de 2022, e demos início a um relacionamento focado na tentativa de compreender as imaginações. Ele as relatava, e no início eu também me assustava. No entanto, consegui ir percebendo meu modo de me relacionar com elas e assim dar início a um diálogo em que duas perspectivas se encontravam, o que de certa forma foi abrindo o caminho que lhe seria próprio, aquele de ir aos poucos entendendo tantas estranhas cenas e sua linguagem – e na proporção que esse diálogo nosso se firmava, o conteúdo, o tom emocional, a temática, os personagens e a linguagem foram se transformando. E ele passou a desempenhar o papel *ativo* que lhe cabia, reagindo aos personagens internos, a eles contrapondo-se, até, com o tempo, perceber que podia fazer-lhes perguntas. Atingido esse ponto, tudo mudou de configuração, tanto para ele como para mim. E a despeito dessas conquistas, nunca senti o desejo de eu também ter experiências análogas, porque as minhas, a que chamo de "revelações" ou "visitações", são as minhas. E assim vivencio o que chamo de solidariedade sem fusão.

A proposta do Jung, como vimos, era não deixar o ego interferir, o que é dificílimo. A Imaginação Ativa é algo que se "vê", semelhante a um filme, mas sem que o ego pretenda dirigi-lo, embora possa dele participar na qualidade de personagem. Não fica passivo, mas transpondo-se para o mero papel de ator pode o ego, abdicando de seu poder, interagir com os outros personagens.

Não posso generalizar muito, mas quais e quantos analistas junguianos que eu conheça, em nosso país e na comunidade internacional, têm esse tipo de proximidade com a Imaginação Ativa? Alguns. Poucos. Para muitos, a experiência fica aprisionada pelo intelecto racional, que tudo procura explicar. Markus não é um analista junguiano, mas consegue praticar algo que foi fundamental para Jung; quanto a mim, fiz o que me cabe como analista junguiano que sou, formado por pessoas que trabalharam diretamente com ele, apoiando a experiência alheia, mas atendo-me à minha.

A primeira coisa que percebi foi que muitas das imaginações iniciais estavam querendo desconstruir todo um conjunto de dogmas judaico-cristãos. Markus é formado em teologia, seus pais foram missionários no Brasil. Ele cresceu num mundo e num ambiente familiar em que o dogma cristão é obviamente inquestionável. O próprio Jung teve uma questão com seu pai, que era pastor protestante, quando lhe perguntou o que era a Trindade, ideia que ele, ainda jovem, não conseguia entender, e o pai lhe disse: "Isso é um dogma, você não tem que entender, mas aceitar e acreditar". Jung não aceitava dogmas, e eu percebi que as imaginações estavam querendo primeiro desconstruí-los também na psique do Markus, posto que eram um impeditivo para que pudesse manifestar-se um outro conjunto de conteúdos inconscientes mais profundos através da Imaginação Ativa.

* * *

Este livro, com o belíssimo título *O universo no peito – O encontro com a alma na imaginação ativa*, não é somente o relato dessa prática da forma como esta o transformou. Sua experiência inicial foi de um fogo devastador, mas criativo: quando se abriu o terreno do pós-dogma, vieram à tona revelações claras sobre o que provém dos porões do ego e o que escorre daquele outro mundo que os gregos antigos chamavam de Mundo Subterrâneo, o Mundo regido por Perséfone, o Mundo dos Mortos, o Mundo do que é Imortal, o Mundo da Alma – e não mais as ilusões do sedutor Mundo de Afrodite (apud Peter Kingsley).

Este livro é a iniciação de Markus Hediger no mundo da Literatura. E a metamorfose, como diria Goethe em seu genial *A metamorfose das plantas*, do tradutor em escritor. A semente deste estava presente desde o início, mas apenas em estado de latência, sabe-se lá por qual duração de tempo. O que despertou a semente do que é hoje um escritor de contos trazidos em canecas de ouro de águas profundas foi a terrível experiência inicial do fogo causticante da Imaginação Ativa. Hoje sabe-se que o fogo, esse elemento de cuja dimensão criativa Empédocles tão sábia e poeticamente nos ensinou (mas esquecemos), se controlado com o mesmo conhecimento ancestral que sempre cultivaram nossos povos da floresta, esse fogo desperta sementes adormecidas no subsolo e a vegetação renasce. Foi o que aconteceu na floresta interior de nosso autor.

Convido o leitor a nela penetrar com a mesma emoção de quem caminha cautelosamente por uma velha trilha indígena na Amazônia, experiência com que a Vida me brindou durante minhas pesquisas de campo com os Zoró. Que o leitor vá encontrando um rumo por entre as palavras, olhando para os lados, ouvindo os pios das aves, os silêncios, tomando cuidado, mas entregando-se – isso o apresentador garante – de peito aberto ao gozo da alma que só a boa escrita nos propicia.

Roberto Gambini
Analista junguiano
São Paulo, março de 2024.

PREFÁCIO

Forças sutis, mas implacáveis me arrastaram
para a presença da Grande Mãe. Eu estava de
olhos fechados, pois algo me dizia que não
suportaria olhar para ela. Senti a presença dela
em volta de mim, acima e abaixo de mim, uma
energia forte, assustadora. Colocaram-me de
joelhos, continuei de olhos fechados. Então
ouvi a voz da Grande Mãe:
"Chega de brincadeiras! Chega de perder tempo! Abra os olhos!"
Mas eu me recusei, apertei ainda mais os olhos,
eu sabia que o que ela queria me mostrar era
algo terrível.
"Abra os olhos!", ela repetiu. "Olhe para mim!"
Então, finalmente, abri os olhos e vi –
nada.

Assim começa a imaginação ativa que fiz exatos três anos
após aquela tarde num dia em janeiro de 2021, em que me
deitei na cama e invoquei a alma pela primeira vez. Foram
anos de confrontos duros, de descobertas excitantes, de muito aprendizado e de busca espiritual incessante. Este livro
conta a história de como a alma chamou um homem que

já tinha desistido e se resignado a conviver com o enorme rombo que se abria em seu peito.

Embora este livro trate de uma técnica desenvolvida pelo psiquiatra suíço Carl Gustav Jung, este não é um livro de psicologia. O que me fascinou e cativou quando traduzi os *Livros Negros* de Jung, nos quais o médico registra minuciosamente as imaginações ativas feitas entre 1913 e 1932, não foi seu potencial como ferramenta de cura no trabalho terapêutico. Acredito que a imaginação ativa ofereça possibilidades e oportunidades que vão muito além da cura de traumas e transtornos emocionais.

Qualquer leitor dos *Livros Negros* percebe já nas primeiras páginas que os registros de Jung são de natureza imanentemente espiritual ou mística. Suas imaginações resistem a uma redução teórica, sua força não está numa teoria subjacente que fundamente e gere as imagens produzidas durante a imaginação ativa. O leitor não precisa entender todas as imagens para perceber a dimensão maior da qual elas falam, a despeito da confusão inevitável que possam gerar nele – ou, talvez, justamente por causa dela.

Este livro também não é um manual que oferece ao leitor um passo a passo para a prática da imaginação ativa. Assim como meu encontro e minha prática da imaginação ativa nasceram de circunstâncias, necessidades e anseios pessoais, acredito que cada praticante dessa técnica precise encontrar e trilhar seu próprio caminho fascinante e, por vezes, difícil no diálogo com a alma. São tantas as maneiras como a alma se comunica com cada um de nós!

Portanto, não posso escrever um livro sobre a imaginação ativa sem escrever a partir da experiência pessoal. Nos três primeiros capítulos, tento reconstruir meu primeiro contato com a imaginação ativa e algumas das experiências com essa técnica que transformaram minha vida – muitas vezes, de forma dolorosa e penosa. Dessas experiências emergiram temas maiores que, então, comecei e continuo a explorar nas minhas imaginações: a imaginação ativa como caminho para uma espiritualidade profundamente pessoal, a importância do silêncio na prática da imaginação ativa e a poesia do inconsciente – temas que parecem não ter muito a ver uns com os outros, mas que, como espero demonstrar, estão intimamente interligados.

Encerro o livro com algumas dicas para o leitor interessado em desenvolver uma prática da imaginação ativa. Nas oficinas que tenho administrado, os participantes têm enfrentado alguns desafios frequentes, um dos maiores sendo a dificuldade de acalmar a mente antes da invocação da alma, razão pela qual incluo no último capítulo também algumas das meditações que tenho desenvolvido na minha prática pessoal.

Como o leitor perceberá, os capítulos do livro se revezam com textos poéticos nascidos de imaginações ativas minhas. Alguns são sucintos; outros, um pouco mais extensos. Falarei da função desses textos no processo de cura pessoal no capítulo dedicado à poesia do inconsciente.

Espero que este livro sirva de inspiração e encorajamento para o leitor que, como eu, está à procura de uma espiritualidade que não seja imposta nem dependa de nenhuma autoridade religiosa externa, mas que brote do universo que se esconde no vazio que cada um de nós carrega no peito.

Talvez o leitor se pergunte: Qual é o sentido de desenvolver uma prática espiritual que, no fim, nada tenha a lhe oferecer além do "nada"? Pergunta simples e justa. Talvez a resposta seja igualmente simples, mas, para entendê-la, peço que o leitor me acompanhe em minha jornada e descubra comigo que o "nada" é mais do que aparenta ser.

Arraial d'Ajuda

Março de 2024.

1
O ENCONTRO COM C.G. JUNG
A TRADUÇÃO DOS *LIVROS NEGROS*

A caligrafia, a bela escrita, é uma arte que não se pratica mais. Lembro-me nitidamente das aulas no primeiro ano na escola interna para filhos de missionários em Belém do Pará, em que, antes mesmo de aprender a ler, eu e meus colegas tivemos que praticar a escrita das letras do alfabeto. Cada letra tinha um ponto de partida e uma sequência e direção prescritos pelas regras da caligrafia. Lembro-me do desgosto que sentia pela tarefa de casa que consistia em preencher páginas e páginas com a letra ensinada pela Professora Regina durante a manhã: a letra "o", que exigia que o lápis encontrasse seu zênite na linha imaginária entre duas linhas do papel pautado, e então, no sentido horário, seguisse a órbita de um planeta igualmente imaginário na forma oval até voltar a seu ponto de origem. Era preciso ter uma paciência cosmológica para repetir esse movimento página após página, paciência que, aos 6 anos de idade, eu não tinha. A letra "o" se transformava em zero; o zero, em bola; a bola, em bola murcha. O que eu queria era sair e brincar com meus amigos. No dia seguinte, a Professora Regina, antes de me ensinar outra letra, me mandava repetir o exercício e dizia: a caligrafia é espelho da alma, é isso que você quer ver quando se olha no espelho?

Mais tarde, aos 13 anos, assim que consegui juntar a quantia necessária, comprei minha primeira máquina de escrever, e meu pai me presenteou com um livro que me ensinou a arte da datilografia. Passei inúmeras tardes enchendo páginas com sequências de letras que não faziam sentido: asdf, jklç, qwer, uiop. Às vezes, eu parava e olhava para aquelas páginas cobertas de letras mecânicas e gostava do que via naquele espelho.

Depois, aos 20 e poucos anos, comprei o primeiro computador. Desde então, raramente voltei a tocar em um lápis, em uma caneta. Deixei de me olhar no espelho. Talvez tenha sido essa uma das razões pelas quais perdi o contato com minha alma e demorei tantos anos para reencontrá-la.

Em 2019, quando a Vozes me contratou para traduzir os *Livros Negros* de Jung e me enviou os textos, levei um susto quando abri o arquivo: não era o texto transcrito, eram fac-símiles, reproduções fotográficas dos cadernos originais. Levei segundos para me dar conta de que o trabalho exigiria um esforço maior: além da tradução do texto do alemão para o português, eu precisaria primeiro traduzir a caligrafia de Jung.

Voltei para a primeira página do arquivo e, com alguma dificuldade, consegui ler aquelas primeiras palavras: "Uma grande tarefa estava diante de mim – eu via seu tamanho gigantesco – e seu valor e sentido esquivavam-se de mim" (LN2, 149).

Estava tudo ali, nessas duas primeiras linhas, tudo que essa tarefa significaria para mim – mas, como Jung, eu não fazia ideia do valor e sentido que ela teria para mim. A única coisa que sabia era que esta não seria uma tradução rápida. Decidi fazer uma primeira tradução escrita à mão. Talvez, assim, conseguisse acompanhar melhor o ritmo da escrita do próprio Jung. Peguei um caderno e comecei a escrever. Olhando para os rastros que a pena de Jung tinha deixado em tinta preta num papel amarelado, dei início à tarefa de retraçar na tinta azul da minha caneta e com minha caligrafia tão diferente da de Jung o "experimento mais difícil" da vida do autor.

A letra de Jung nos cadernos não é a de uma receita de um médico. É regular, segue os padrões de seu tempo, é organizada, funcional. Mas há uma urgência nela, uma impaciência que se reflete nos arcos dos "enes" e "emes" às vezes quase reduzidos a traços retos, nos "as" incompletos, no traçado que se adianta e corre para a letra seguinte antes de completar a anterior.

Teceu-se assim um diálogo íntimo entre a caligrafia intensa de Jung e a letra ainda desalmada da minha tradução.

Dizem que a letra reflete a alma do escritor. Mas não existe caligrafia capaz de representar a alma que se manifestava nas imaginações ativas de Jung, nos registros de seus diálogos com a alma e de suas viagens pelo inconsciente.

Naquele 10 de junho de 2019, quando recebi o e-mail da Editora Vozes, que me perguntava se eu tinha alguma familiaridade com Jung, minha resposta foi: não. Dois dias depois, toca o celular. Atendo, e João Batista Kreuch, na época secretário editorial da Vozes, me convida a participar de um grande projeto de tradução de Jung. Reitero o que tinha escrito no e-mail dois dias atrás, explicando que minha familiaridade com Jung se limita ao pouco que li dele e sobre ele na época da faculdade trinta anos atrás.

"Ótimo", respondeu João, "você é o tradutor que estávamos procurando. Queremos um tradutor sem nenhuma bagagem teórica. Você fará uma tradução literária de Jung. Além disso, você é conterrâneo de Jung e conseguirá detectar as nuanças de sua língua. Mas terá que completar a tradução em quatro meses". João pouco me disse sobre a natureza da obra. Só me informou que se tratava de seis cadernos de anotações de Jung. "Topa o desafio?", perguntou ele.

Aceitei, mesmo que hesitante. Meu dia a dia de tradutor costuma ser monótono, raramente cai em minhas mãos uma obra que não seja de natureza teórica, acadêmica. Amo literatura. A perspectiva de fazer uma tradução literária me animou. Mas hesitei, pois sabia do peso que o nome de Jung trazia. E sabia que Jung não era um autor fácil. Mas não imaginava o tamanho do desafio que a tradução dos *Livros Negros* seria para mim, não só como tradutor, mas como pessoa.

Já nas primeiras páginas do primeiro caderno, Jung recorre a uma linguagem e a imagens religiosas. Ele fala de alma, inferno, escuridão, redenção, de deuses egípcios, de Cristo, do Deus humano, de Deus como Filha do homem ou de Deus como criança menina, também do vazio e nojo da existência humana. Identifico-me, pois, com Jung, também sou filho de pastor protestante. Durante mais de quarenta anos, meus pais serviram como missionários no Norte e Nordeste do Brasil. Cresci imerso na religião. A codificação da vida na forma de símbolos e leis religiosas marcou minha infância e adolescência e, mesmo após meu rompimento com a fé evangélica de meus pais, continuei ansiando pela experiência de um Deus, buscando-a, em vão, em diferentes vertentes do cristianismo e em outras religiões.

Quando traduzi essas primeiras páginas aos 51 anos de idade, eu vivia uma fase de resignação e ceticismo. Tinha desistido de minha busca por uma espiritualidade que fizesse sentido para mim. Mas essas primeiras páginas de anotações de Jung mexeram comigo. Em 14 de novembro de 1913, Jung escreve:

> Converso contigo em silêncio, e tu sabes que não sou um bêbado e que meu coração se contorce em dores sob as agulhadas da ferida, dentro da qual a escuridão faz discursos de zombarias. [...] Feliz aquele que superou também suas próprias zombarias! Mas tu vês que a minha ferida ainda sangra e que estou longe de ignorar minha própria zombaria (LN2, 152).

Percebi que minha ferida ainda estava aberta, que dela jorrava sangue. Ainda acreditava que se tratava da ferida que o Deus tinha deixado em mim quando o perdi aos 18 anos numa noite sem sono em que as dúvidas finalmente venceram o medo do inferno.

Já no dia seguinte, em 15 de novembro de 1913, porém, Jung deixa de falar em Deus e identifica a criança menina com sua alma. Por alguns instantes, minha caneta hesita e paira sobre o papel, reage surpresa diante da repentina mudança de perspectiva de Jung, que deixa de olhar para o Deus lá fora e se volta para dentro, para a alma.

Seria este o caminho?, pergunto-me. É uma pergunta que aparece e desaparece assim que surge em minha mente. Mas não tenho tempo para especulações, restam-me menos de quatro meses para completar a tradução.

E então, exatos trinta dias após a primeira invocação, a alma de Jung responde. A primeira imaginação ativa puxa, suga Jung para as profundezas. Jung descreve essa queda como "descida aos infernos" (LN2, 169), onde ele se depara com um cenário bizarro que lhe apresenta imagens de uma caverna, cuja entrada é guardada por um anão; na caverna, água negra, uma pedra brilhante, um buraco escuro, uma cabeça sangrenta, um besouro preto gigante, serpentes mil.

Enquanto traduzo esse registro, tento entender. Olho para minha tradução em meu caderno azul: é como se uma mão autônoma traduzisse o que meus olhos decifram na tela do computador. Essas palavras não são minhas, penso.

Chego a me perguntar se a tradução está correta. Nada disso faz sentido.

Esse estranhamento entre texto e tradutor persiste enquanto traduzo os registros seguintes: o assassinato do herói (LN2, p. 175ss.); o primeiro encontro com Elias, o profeta, e Salomé, "a mulher sanguinária", que declara seu amor por Jung (LN2, 180ss.); a cena de Cristo "em sua última hora e em seu último tormento", a serpente negra deitada ao pé da cruz (LN2, 196s.). São imagens assustadoras, tento me proteger de seu impacto, mas é como se o ato de traduzir a caligrafia em tinta preta de Jung para minha escrita em tinta azul fizesse minhas as imaginações de Jung. Minha mão estremece diante da monstruosidade desse acontecimento. Se não fosse o compromisso que eu assumira, eu interromperia leitura e tradução neste mesmo momento. Mas o senso de responsabilidade me obriga a continuar, e, aos poucos, minha mente se acostuma com as imagens estranhas que Jung me traz, e o terror inicial é substituído pela curiosidade. Às manhãs, levanto-me não mais temendo o que o dia de trabalho me trará, mas ansiando pela continuação de meu diálogo ainda confuso com a alma de Jung.

Ao mesmo tempo, emerge em mim um sentimento que, a princípio, não consigo entender nem definir. Até que, em 27 de setembro de 2019, anoto ao lado de minha tradução: "Saudades da minha própria alma". Nesse dia, dou-me conta de meu desejo de estabelecer contato com a alma.

Ainda hoje me pergunto por que as imaginações ativas de Jung me impactaram tão profundamente. Acredito que, além das semelhanças biográficas e afinidades temáticas com Jung, um evento específico e igualmente inesperado tenha preparado minha alma para a experiência dessa tradução. Poucas semanas antes de iniciar a tradução dos *Livros Negros*, acompanhei dois monges beneditinos em uma turnê de palestras pelo Brasil. Entre uma palestra e outra, durante os voos de uma cidade para outra, conversei com o mais velho deles, o Frei Anselm Grün, sobre as diferenças entre o catolicismo e o protestantismo e, enquanto corríamos atrasados para uma palestra, lamentei que o catolicismo proibia aos protestantes a participação na Eucaristia.

A turnê foi encerrada com uma missa na lindíssima capela de São Francisco no mosteiro franciscano em São Paulo. Já exausto das três palestras diárias ao longo de dez dias, ainda consegui reunir as forças para traduzir a homilia de Anselm Grün. Então sentei-me, aliviado por ter concluído minha missão. O monge ainda celebraria a Eucaristia, da qual eu como protestante já não participaria mais. Eu ficaria sentado no meu cantinho, observando a celebração e contemplando a beleza daquela capela. Quando o monge partiu a hóstia, antes de compartilhá-la com os fiéis, ele veio até onde eu estava sentado e me ministrou o corpo de Cristo. Aquele gesto me pegou de surpresa. E, de repente, eu me senti – e não tenho outras palavras para descrever essa experiência – como se eu fosse envolto, abraçado e incluído em um símbolo. Uso o artigo indefinido, porque foi exatamente essa a sensação: a de fazer parte de algo que transcendia meu entendimento e que, ao mesmo tempo, abria um espaço para uma experiência que eu percebia ser relevante em algum sentido. Creio que esse gesto de amor do monge abriu uma fenda na couraça do meu ceticismo, o que acabou permitindo que o diálogo de Jung com sua alma ecoasse no meu peito.

Minha alma, onde estás? Tu me ouves? Esse grito de Jung ecoava impaciente também em meu peito, me urgia a abrir a boca para que, finalmente, o soltasse, mas algo me dizia que eu devia esperar até concluir a tradução.

O primeiro conto:
O caçador do dragão submarino

As transformações de Iku-Turso

Esse Iku-Turso é um monstro marinho malévolo, como me disseram. Contaram-me também que ele ajudou na conquista de numerosas aldeias finlandesas, atirando flechas venenosas por cima das linhas de defesa para dentro das aldeias, onde, por conseguinte, doenças desastrosas se espalharam entre os habitantes. Não acredite nesses contos. O ser humano designa como mau aquilo que sucede a ele mesmo, mas aquilo que aconteceu com Iku-Turso deve ter sido muito pior para que ele saísse do gélido Mar do Norte, escalasse as falésias íngremes dos fiordes da Escandinávia e se escondesse nas profundezas das florestas cobertas de neve.

Notavelmente, não existem relatos sobre a aparência de Iku-Turso ("O medo nos deixa cegos", alegam os finlandeses). Os efeitos da sua proximidade sobre o gênero humano parecem ter deixado marcas mais profundas do que a beleza com a qual todos os monstros marinhos se adornam. Eles são vaidosos, esses seres, e amam a água, que faz reluzir as suas escamas. Iku-Turso, expulso da água, deve ter se irritado muito quando sua pele secou e, nas frias latitudes do círculo polar, assumiu a cor cinzenta do céu.

Mas tudo isso é especulação. É tido como certo que, por volta de 1930, Iku-Turso retornou para o mar e ingressou na marinha finlandesa como um submarino da classe "Vetehinen". Em 1942, ele destruiu o submarino russo Щ-320. Mais ou menos na mesma época, Iku-Turso foi avistado no céu como asteroide (nos livros dos astrônomos, ele é identificado como 2828 Iku-Turso). Para a nossa pesquisa, Iku--Turso é significativo porque comprova que, quando alguém enfia seu dedo na água como isca, ele envia ondas por todo o universo.

A biblioteca do inexistente

A procura pelo monstro marinho me conduziu até as profundezas da selva da Amazônia. Na selva, nada persiste. Aqui, a umidade corrói até os livros escritos em pedra, e o amor, celebrado nas restingas fluviais, é efêmero. Ninguém aqui fala de amor eterno – de amizade transitória, isso sim, também de afeto passageiro, que, a qualquer momento, pode encontrar seu fim numa epidemia de tifo. Quantos aqui já refletiram sobre os livros que quiseram escrever, mas que, nos 30 anos de vida que lhes foram dados, não conseguiram completar ou cuja escrita desfalecia enquanto ainda escreviam, antes mesmo de ser traduzida para a língua das gráficas.

Na Suíça, naquela rocha no centro da Europa da qual desci, mudanças são vistas com grande ceticismo. O povo helvético acredita na constância, na continuidade do tempo, que não transforma, mas preserva. Para o suíço, o *status quo* é mais do que uma composição de palavras, ele representa uma postura de vida cuja mais nobre ambição é a preservação da vida. Desisti da ilusão de encontrar na Suíça alguma pista do dragão submarino, este mais mutável de todos os seres vivos. Por isso decidi partir para aquela região onde o rosto é outro todos os dias e onde o espelho não serve para encobrir as rugas com tinta de cor de pele, onde o espelho é o olho do outro, que chora diante daquilo que vê.

É claro, dirá você agora, que não encontrei o dragão submarino na mata da Amazônia. Os monstros marinhos são seres dotados de inteligência e de um forte instinto de sobrevivência. O triste destino de Iku-Turso que se aventurou por terra lhes serviu como lição. Em Manaus, porém, uma cidade situada no meio da selva, encontrei uma "Biblioteca do Inexistente", patrocinada e mantida por um fabricante farmacêutico suíço. É uma biblioteca repleta de livros, livros magníficos, que falam de coisas maravilhosas. Tudo se encontra nessa biblioteca climatizada, desde criações míticas até invenções tecnológicas, cuja inutilidade prática é evidente a todos, pois nada que se vê retratado ali possui qualquer valor para a vida humana. Um reduto da insensatez – é assim que o mecenas da biblioteca a chama, expressando a esperança de que o confinamento de toda a loucura humana dentro dessas paredes de pedra consiga mantê-la afastada do mundo lá fora.

E foi aqui que me deparei com um livrinho de Sebastian Münster, de 1544, que trazia o título *Cosmographia* e no qual encontrei uma representação gráfica do dragão submarino, avistado simultaneamente em três formas diferentes.

A domesticação do monstro

Na água, os monstros (também chamados de "dragões") representam um perigo enorme, seu terror é indomável, pois a água é o elemento do ser humano somente em sua superfície. Assim que mergulha nela, logo fica sem ar. A ideia de ser arrastado para os abismos dos mares por um ser das profundezas causava pesadelos aos marinheiros e calafrios aos homens da terra firme. Não surpreende, portanto, que o ser humano fez de tudo para tirar o monstro da água. Acreditava que, se conseguisse trazê-lo para a terra firme, suas chances de domá-lo seriam maiores.

Quando os primeiros trens começaram a cortar as paisagens da Europa e as nuvens de vapor, outrora distantes no céu, passaram a nebulizar as camadas da atmosfera mais próxima dos homens, os camponeses, burgueses e prefeitos reconheceram no trem um monstro cujo lugar não era aquele. Os cultos e sábios recorreram a toda a sua eloquência para refutar a sabedoria campesina e difamaram os adversários incultos do cavalo de ferro como covardes. Esse argumento sempre funciona. E assim, um número cada vez maior de linhas ferroviárias passou a atravessar a Europa continental e a Ilha Britânica. E quanto mais desses monstros avançavam pelos trilhos, mais o medo se dissipava. O povo começou a estimá-los como meio de transporte.

Monstros e dragões prezam a liberdade. Não existe outro meio de transporte cuja liberdade de movimento seja tão restrita como a da ferrovia. Para um dragão, os trilhos são uma limitação humilhante e degradante. Não surpreende, portanto, que, em 22 de outubro de 1895, uma locomotiva quis continuar sua viagem para além do fim dos trilhos e atravessou o prédio da Gare de Montparnasse para ganhar a rua.

As coordenadas do sentido

Eles construíram máquinas com gavetas, nas quais guardavam as palavras pertencentes às respectivas categorias, construíram aparelhos com réguas móveis que criavam novas expressões e autômatos com manuais de instruções que permitiam decodificar o significado dessas novas combinações. Desde a descoberta da escrita pelo homem, este tem construído engrenagens compostas de rodas dentadas que cospem palavras que, colocadas lado a lado, produzem novas metáforas.

Nenhuma dessas engenhocas sobreviveu, todas elas se encontram hoje em museus, em arquivos esquecidos, planos descartados como curiosidade. Pois são supérfluas, totalmente inúteis: por mais engenhosas que tenham sido sua concepção e construção, elas só repetiam o que já existia há milênios: palavras que, juntadas, não faziam sentido. Essas máquinas nada sabiam da importância da lacuna entre as palavras, portanto, também nada sabiam do ser humano, que precisa do espaço entre as palavras para poder respirar. E quando respira, ele reflete sobre o que foi dito e atribui ou nega sentido ao que ouviu. O mundo seria sem sentido se ele perdesse seu fôlego.

É disso que falam as pessoas quando dizem: tudo que é já foi dito – e sobre tudo que possa existir além disso nós nos calamos.

O mundo inteiro é feito de palavras.

O mundo, uma rede tecida de palavras? Por que, então, perguntarão alguns, não só ouvimos o mundo? Por que o vemos e o saboreamos, por que nos esbarramos nele? O que teríamos a temer dele se consistisse apenas em palavras?

Quem quiser conhecer as palavras deste mundo viaje.

Quem quiser sondar o sentido deste mundo se cale e olhe para o céu e para as profundezas.

Os dormentes

A viagem de barco com o olho próximo à superfície da água. A busca por aquele ângulo em que a superfície da água menos refrata a luz. Mantenho o foco fixado pouco abaixo da superfície. Pisco de cansaço. O olho lacrimeja. A tensão aumenta. Passei horas nessa posição: debruçado sobre o vibordo, com máscara de mergulho, para que os respingos da proa não me cegassem. Fiquei atento a qualquer brilho avermelhado, ao azul que não fosse o azul do mar, ao verde que só as escamas conhecem, à luz amarela dos olhos do dragão. Deve existir uma razão pela qual os dragões submarinos são avistados principalmente por crianças e por adultos apenas quando menos esperam, pensei.

De repente, avisto algo aparecendo acima da superfície da água, um dedo enrubescido, como me parece, um braço enrijecido, uma perna – o que é? Nós nos aproximamos e já deslizamos por cima de um corpo de aço cinzento que flutua perto da superfície. O braço que perfura a superfície da água é o mastro e é vermelho porque está enferrujado. Fico encantado com as escotilhas, que, deitadas de lado, revidam o meu olhar. É possível? Posso ser tão sortudo? Seria este um dragão que morreu e agora flutua perto da superfície da água, ao alcance da minha mão?

Mais tarde descubro que os dragões submarinos, cada vez mais acuados por curiosos, sensacionalistas e caçadores de tesouro, se viram obrigados a desenvolver manobras de diversão como esta: esconder objetos no mar que não deveriam estar ali, como, por exemplo, navios naufragados, aviões que o céu não quis mais sustentar, carros de metrô despejados no mar pela companhia de metrô de Nova York, ou até mesmo um Cadillac.

Nós, caçadores de dragões, chamamos esses objetos de "dormentes". Durante anos, eles permanecem próximos à superfície da água dos mares, são levados do Japão até o Havaí, colidem com *icebergs*, levam pinguins da Antártida até as praias do Chile ou balançam nas praias rasas das ilhas do Caribe, prontos para deleitar cada descobridor e mergulhador com alguns minutos de ingênua aventura. São espaços entre tempos em que o curioso esquece aquilo que realmente veio procurar. São espaços entre tempos com tantos nichos e esconderijos nos quais o dragão submarino facilmente consegue se esconder.

A última domesticação

Em outono de 1931, após se darem conta do significado e da importância de sua cauda, os alemães conseguiram capturar um dragão de tamanho incomum. Conseguiram atrair o monstro para uma armadilha e decepar seu rabo. A perda de sua cauda provocou também uma descoloração de sua pele: sem rabo, o dragão perdeu suas cores e, com elas, grande parte de seu espírito indomável. Uma das fotos que sobreviveram ao tempo mostra o dragão em Lakehurst, amarrado ao chão: cinzento (o último pingo de cor se encontrava próximo à ferida da cauda decepada, em forma de um retângulo vermelho em volta de uma funesta suástica).

Quando contemplamos a imagem desse dragão domado, entendemos o entusiasmo que esse gigante proveniente dos entremundos provocava por onde quer que passasse. Apesar de privado de sua cauda, ele ainda era elegante e moderno, mesmo para nós, cidadãos do terceiro milênio tão estilizado. Cestas afixadas à barriga inflada do dragão permitiam o transporte de humanos e carga (ao todo, 11 toneladas). O dragão domesticado fez dez viagens para a América do Norte, outras sete para o Rio de Janeiro, sem jamais se desviar da rota, sem nenhum sinal de protesto ou rebelião.

Em 6 de maio de 1937, porém, ao se aproximar do campo de pouso em Lakehurst, ele passou por uma tempestade. Os ventos descontrolados, a chuva flagelante, os raios cortantes lembraram o dragão de seu próprio passado impetuoso e, numa enorme descarga de paixões esquecidas, uma faísca se acendeu em seu corpo. Os gases da infelicidade acumulada entraram em combustão. A primeira chama saiu pelo local em que sua cauda havia sido decepada, depois inverteu sua trajetória, ingressou por aquela mesma ferida, percorreu todo o seu corpo e o consumiu.

Além do dragão, morreram naquele dia 35 pessoas, e 62 sobreviveram ao inferno. Depois desse incidente, os alemães encerraram suas tentativas de domesticação, e nunca mais se viu um desses corpos cinzentos no céu sobre o Atlântico. (Foi somente em 1997 que um zepelim voltou a conquistar os ares, mas não era um dragão. Era apenas uma reprodução deste, mais uma das supostas proezas da atualidade, cujos milagres tecnológicos são meras imitações da natureza.)

Terra da Fumaça

No extremo sul da Patagônia, embarquei em um baleeiro que me levou para as ilhas da Terra do Fogo. Eu tinha assumido minha posição junto ao arpão na proa do navio.

Eu tinha lutado duramente por esse cargo e apresentado credenciais falsificadas, que me identificavam como um físico capaz de calcular com extrema precisão a refração da luz ao adentrar a matéria mais densa da água, qualidade que dá ao arpoador uma vantagem extraordinária ante o animal caçado que, submergindo, tenta escapar.

É claro que eu queria que meu dedo estivesse naquele gatilho – para garantir que a flecha acertasse nada além de água, pois tudo que se mexe na região submarina pode ser nada mais do que imaginação: talvez não seja peixe nem baleia, mas dragão. Eu queria ver, não matar. Lancei ao mar algumas escamas como isca. Alguém havia me dito que os seres imagináveis costumam aparecer em luz fraca, e a única luz que se via na Terra do Fogo partia das escamas coloridas que eu havia trazido comigo.

Isso pode surpreendê-lo, pois o nome dessa região distante evoca a imagem de uma terra tomada de chamas, uma terra ardente, um foco de luz e calor nessa região gélida. Originalmente – e é útil saber disso – esse conjunto de ilhas se chamava "Terra da Fumaça". Numa conclusão tão típica para os europeus, eles batizaram a região com o nome de "Terra do Fogo", pois – como diziam – onde há fumaça, há fogo. (Como tantas vezes antes, o europeu destruiu assim a magia do lugar: quem hoje visita a Terra do Fogo se decepciona, pois não consegue ver o fogo. E onde não vê fogo, não vê fumaça. Mas é justamente esta que abriga a magia das ilhas.)

Amada flor

"Amada", disse ele, "quando te chamo de 'flor', isso tem o seu motivo. Quando aproximo meu rosto do teu, tu não és só mulher. Aproximo-me curioso, pois quero conhecer teu cheiro, identificar cada fragrância que exalas, quero ser nariz.

Quando me aproximo de ti, não sou só homem. Eu me aproximo de ti com fome, sou abelha, quero teu néctar, e tu queres que eu te fecunde. Nisto podes ver que as palavras que usamos para nos designar nos transformam. Somos o que dizemos que somos".

"Vem e mostra-me", disse ela.

Os lábios dos dois se tocaram levemente, e, com sua língua, ela poderia ter contado as rugas e os rasgos nos lábios dele. Mas ela não contou. Ela era flor. E ele, nariz.

"Alguns afirmam", disse ele agora, seus lábios ainda próximos da boca dela, "que não se colhe uma flor que se ama. Mas se eu não te colher, como me adornarei contigo?"

Então ela riu baixinho e disse:

"Cala-te e me faz desabrochar".

La feuille perdue

Prova dos nossos beijos nas colinas sobre o mar é a dor de não estar contigo.

Se não fosse a aflição desesperadora com a qual te procuro entre as florestas, se não fosse a fome de tuas palavras com as quais descreveste o verde – eu nada saberia de ti. Não tenho lembranças de ti, pois quando te vi pela primeira vez na estação de trem em Gênova, eu não pensei, não agarrei, não segurei, só admirei. Antes de nos encontrarmos ("Vem", tinhas escrito, "vem!"), só conhecíamos as cartas do outro. Eu tinha palavras, mas nenhuma imagem tua. Só sabia que reconheceria tuas palavras em teus traços, pois nenhum ser vivo permanece intocado quando abres a tua boca. Estava tão próximo do mistério da criação: palavras que provocam a vibração dos átomos e a batida do meu coração.

Continuo sem nenhuma imagem tua, tenho somente os cadernos que preencheste para mim. Leio neles e então volto a sentir tua mão na minha, sinto teu suspiro na minha nuca, mas teu toque nunca é o mesmo, é sempre um sopro diferente que me abraça. Sempre que leio as tuas palavras, repete-se o milagre da estação de trem em Gênova.

De noite acordo deitado numa rede estendida entre duas florestas e minha mão te procura. De dia, quando meu desejo de estar contigo me consome, descasco uma laranja.

Furacão

Num dia sem data nas colinas sobre o mar, cortei meu cabelo. Era cedo de manhã, havíamos tomado café em silêncio, atentos ao eco do diálogo que havíamos travado na vastidão infinita da nossa pele naquela noite. Então passaste a mão em teu cabelo e o agarraste, assim como eu o tinha agarrado para não mais soltá-lo durante toda a noite. Mas havia uma tristeza em teu movimento. Tua mão deslizou até as pontas dos cabelos e hesitaste antes de soltá-las.

Foi aí que cortei meu cabelo e passei o dia atando o meu ao teu, um fio por vez, e eu não me importei com o passar das horas, não me importei com o sol que, ao meio-dia, invadiu as sombras, não me importei com o vento da tarde que dificultou meu trabalho. Quando caiu a noite, teu cabelo havia se transformado num manto com o qual cobriste os meus ombros. Passamos a noite seguinte por trás desse véu.

Lembro-me da flor de um hibisco.

Inventamos palavras. Sabíamos que a língua que ensinam nas escolas só refletia aquela parte do mundo na qual não existem colinas sobre o mar. Inventamos palavras e percebemos tarde demais como era perigosa aquela nossa brincadeira. Despertou a curiosidade em nós. Repetidas vezes espiávamos por entre as cortinas do teu cabelo, como que esperando encontrar na nossa cama aquela palavra que tínhamos acabado de inventar. Eu disse: "Terra da fumaça", e uma cortina branca se deitou sobre a ilha. Os céus, que há muito tinham adotado a miserável lógica ocidental, acreditaram que a fumaça prenunciava um incêndio e quiseram apagá-lo. Começou a chover, uma chuva leve no início, mas não demorou, e gotas pesadas explodiam no telhado, trovejava tanto que fomos arrastados para o fundo do mar. E foi ali, naquele momento, que disseste a palavra à qual não consegui resistir: "Dragão submarino", dissiste, e eu parti em sua busca.

Perambulando

O barco a remo balança nas ondas suaves de um lago cuja posição geográfica não imaginei. Talvez ele nem exista. "Vou pescar um pouco", eu disse aos amigos, que bebiam e festejavam na praia. Eu queria estar só e sondar a profundeza de um sentimento novo que começara a brotar. Lancei o anzol na água, reclinei-me no barco, fechei os olhos.

A cor dos meus olhos depende de como o sol se apresenta no momento. Quando ele se esconde atrás das nuvens, meus olhos são castanhos. Quando está no zênite e os cílios quebram e amenizam seu brilho antes de seu primeiro contato com a córnea, meus olhos têm a cor do mel. E eles são verdes quando estou feliz.

Nas águas sob o barco, o dragão submarino faz suas rondas para espantar qualquer peixe e impedir que ele morda a isca e assim perturbe a minha felicidade, que só tu soubeste descrever.

2
O ESPELHO DE SÃO PEDRO
AS PRIMEIRAS IMAGINAÇÕES ATIVAS

Entreguei a tradução dos *Livros Negros* poucos dias antes da virada do ano. E a rotina da vida voltou com tanto barulho que ensurdeceu o clamor da minha alma. No final de fevereiro de 2020 veio a pandemia. O Brasil parou, uma editora após a outra suspendeu todos os projetos de tradução. Nos meados de abril, eu estava sem trabalho, não sabia como pagar as contas, como quitar os empréstimos que tinha feito para concluir a construção da minha casa. Após duas semanas de preocupações e noites sem sono, recebi um e-mail de uma empresa norte-americana, perguntando se eu estaria disponível para um grande projeto de tradução. Eles tinham encontrado meu perfil num site de mídias sociais para profissionais. Fiz um teste, fui aprovado e mergulhei no trabalho e permaneci imerso nele até o fim daquele ano.

Então poucos dias após o Natal de 2020, tive um sonho:

Era noite, e eu me encontrava numa floresta. As árvores eram como sombras, por entre as folhas reluzia a fraca luz da lua. Caminhei pela noite, passei pelas árvores, mais curioso do que temeroso. Por que eu estava aqui? De repente, ouvi o lamento de uma mulher vindo de longe. Mesmo a essa distância, era nitidamente perceptível o desespero em sua voz. Preocupado, segui a voz que me alcançava por entre as árvores. O lamento foi se tornando cada vez mais alto, e, finalmente, alcancei uma clareira. No centro dela, havia um poço. O choro vinha do fundo dele. Eu me aproximei do poço e me curvei sobre a abertura. No fundo do poço, uma mulher agachada, de costas para mim. De alguma forma, eu sabia que era a Santa Mãe de Deus. E agora conseguia também entender as palavras que ela gritava.

"Meu Filho está morto!", ela lamentava. "Meu Filho está morto!"

Não, pensei eu, teu filho não está morto. Ninguém te avisou?

A Mãe de Deus parecia não ter me percebido e repetia ininterruptamente seu lamento: "Meu Filho está morto!"

Quando, finalmente, interrompeu seu choro por alguns segundos, eu gritei lá para baixo: "Não, Santa Mãe, teu filho não está morto. Ele ressuscitou, ele vive!"

Mas ela parecia não me ouvir e continuou seu lamento.

E assim nós nos revezávamos. Ela, lamentando a morte de seu Filho, enquanto eu tentava comunicar-lhe as boas-novas.

E então, eu tinha acabado de repetir mais uma vez minhas palavras de esperança, ela se voltou, olhou para mim e, séria, disse:

"Sim, Ele ressuscitou, mas não em você".

Acordei banhado em suor. Deitado na cama, olhando para a escuridão, entendi que tinha chegado a hora de soltar o grito entalado na minha garganta. Era, literalmente, uma questão de vida ou morte.

Numa tarde, no início de janeiro de 2021, deitei-me na cama para seguir as poucas instruções de Jung que eu tinha encontrado para fazer minha primeira imaginação ativa. Eu tinha me preparado para um longo período de tentativas vãs, afinal de contas, o próprio Jung teve que insistir durante um mês até que sua alma lhe respondesse com aquela primeira imagem da caverna. Fechei os olhos e comecei repetindo as palavras de Jung: *Minha alma, minha alma, onde estás?*

Não consegui nem terminar a pergunta. De repente, fui invadido por uma rápida sequência de imagens fortes, que não demorou mais do que alguns segundos. Abri os olhos, levei a mão ao rosto. Minha pele estava fria. Levantei-me e consegui alcançar o banheiro. Olhei-me no espelho: eu estava pálido feito um cadáver.

Não sei o que, exatamente, aconteceu com meu corpo durante aquela primeira imaginação ativa. Lembro-me apenas das imagens, da nitidez e da riqueza em detalhes daquilo que minha alma me mostrou durante aqueles poucos segundos.

Mas a minha imagem que vi no espelho – um corpo drenado de sangue e de vida – me assustou. Percebi que eu precisaria encontrar alguma forma de me proteger, de criar algum espaço interno seguro, a partir do qual eu pudesse invocar minha alma.

No início de 2021, eu não conhecia praticamente nada da teoria junguiana e não fazia a mínima ideia em que estava entrando. Tudo que tinha eram as anotações de Jung nos *Livros Negros* e um desejo de me conectar com minha alma. Nem sequer sabia o que era essa coisa a que me dirigia quando a chamava de "alma".

Então me lembrei de uma meditação que o velho monge beneditino tinha ensinado em suas palestras durante sua turnê pelo Brasil. Trata-se de uma meditação que conduz a um lugar no interior que Anselm Grün chama de "o espaço interior do silêncio", ao qual o barulho do mundo, as expectativas das pessoas, as preocupações da vida não têm acesso. É, segundo ele, o espaço em que encontramos aquela parte do nosso ser que continua íntegra, intocada pelos traumas da vida, aquilo que o místico medieval alemão Mestre Eckhart chamava de "centelha divina".

A minha esperança era que, se eu conseguisse aquietar o "espírito" dessa maneira e esquecer, mesmo que só por alguns momentos, as preocupações do dia a dia, as interferências do consciente diminuiriam, trazendo assim também uma "calma" maior às imaginações ativas.

As imaginações ativas que fiz nos meses seguintes – eu as anotei com a mesma caneta que tinha usado para traduzir os *Livros Negros* de Jung em um caderno azul. Relendo aquelas imaginações, deparo-me sobretudo com paisagens internas: florestas azuladas com árvores altíssimas, pelas quais passeio acompanhado por uma onça pintada, que me segue a uma distância segura – quando me imagino acima da floresta, sobrevoando as copas, vejo lá no fundo da mata rastros amarelados que eu e a onça deixamos em nossas caminhadas; um vale rochoso, cortado por um rio, que banha uma floresta às suas margens, e, entre as rochas, piscinas de água cristalina – quero mergulhar nelas, mas minha imaginação não permite a interrupção do voo rasante pelo vale; uma cidade na China com construções tradicionais, carruagens estacionadas nas ruas, um brilho dourado que paira sobre os tetos, uma cidade linda, mas vazia, sem gente, como que adormecida ou abandonada recentemente – caminho pelas ruas, e a única coisa que ouço são meus passos, que ecoam pelos becos.

Naqueles primeiros três meses, fiz uma imaginação ativa a cada dia – predominavam nelas cenas de beleza surpreendente, incluindo o rosto de um caçador esquimó em alta definição: registro no caderno cada poro em seu rosto queimado pelo vento e pelo sol, o desenho delicado da íris de seus olhos, o olhar fixado no horizonte.

Apenas dois registros daquele tempo se destacam:

> Eu me vejo no fundo de uma caverna numa montanha, voltado para a entrada. Consigo ver a luz do entardecer, quando, de repente, aparece um homem que, com as últimas forças que lhe restam, se arrasta para dentro da caverna. É um homem em trajes de guerra, com uma espada curta presa ao cinto. Reconheço o Rei Davi do Antigo Testamento, herói da minha infância, mas agora ele está cansado, seu rosto perdeu toda cor e agora ostenta uma palidez suja. Nada sobrou da glória dos tempos passados. Ele me vê e, aflito, implora que eu o mate. Eu me recuso.

Na época, eu não soube o que fazer com essa imagem. Obviamente, lembrei-me de uma das primeiras imaginações ativas de Jung em que ele mata seu herói Siegfried, mas eu não sabia ainda o que minha alma estava querendo me dizer com isso. Foi só muito mais tarde que, aos poucos, o sentido da imagem do rei Davi cansado da vida começa a tomar forma: ele anunciava a necessidade de confrontar os conceitos religiosos da minha infância e adolescência.

Outra imaginação ativa se destaca naqueles três primeiros meses:

> Eu me vi pairando sobre um vale remoto e estreito nos Alpes. Era noite e, lá no fundo, consegui identificar uma procissão fúnebre. Pessoas encapuzadas carregavam um caixão. Imediatamente, eu soube que o defunto naquele caixão era eu. Segui a procissão até uma pequena capela na ponta de uma rocha que se estendia sobre um abismo. Entrei com aqueles seres na capela. No chão da capela, havia uma porta que se abria

para uma escada que levava à cripta. Lá, no interior da rocha, em torno do vão que receberia meu corpo, os homens e mulheres formaram um círculo.

Então, uma mulher, a sacerdotisa, dá início às celebrações fúnebres. Cada um dos presentes recita as boas obras que eu havia praticado durante a vida e dá graças por elas. Fico muito comovido com essas demonstrações de gratidão.

De repente, ouço uma risada, uma gargalhada de deboche. Irritado com essa pessoa que ousa interromper uma cerimônia tão solene, olho em volta. Os rostos de todos os presentes continuam sérios, contidos. Demoro um tempo para perceber que a risada vem de um crucifixo pendurado na parede da cripta. E lá está Ele, o Cristo, coberto de sangue, rindo de mim.

"Como ousas rir em um momento tão solene?", pergunto ao Cristo.

Mas Ele não responde, continua rindo, gargalhando, debochando de mim.

"Qual é a graça?", insisto irritado.

Então o Cristo olha para mim e, ainda rindo, me pergunta:

"Você não acha engraçado? Todas essas pessoas dando graças pela vida de um ingrato?"

Levei um susto, é claro. Vale mencionar que, naquela época, eu não contava com a ajuda de um analista capaz de me explicar a natureza do mundo simbólico. Portanto, interpretei a imaginação ativa literalmente: no mesmo dia, desenvolvi um ritual de gratidão que, ainda hoje, faço todas as manhãs ao acordar: agradeço por tudo que vivi no dia anterior.

Quando iniciei esse ritual, eu agradecia somente pelas coisas "positivas" – acontecimentos e encontros agradáveis, surpresas boas etc. – das quais conseguia me lembrar. Eu havia estabelecido a regra de passar pelo menos cinco minutos agradecendo pelas coisas boas que eu havia vivenciado no dia anterior. No início, esses cinco minutos pareciam uma eternidade. Mas, com o tempo, fui percebendo que, muitas vezes, essas coisas "positivas" tinham resultado de coisas "negativas", de situações difíceis no passado. Então, decidi agradecer também por estas, e não demorou, e percebi que tudo estava interligado em minha vida, que cada evento, cada ocorrência, cada vivência, estava inserido em uma grande e delicada rede de acontecimentos, da qual eu só conseguia ver uma parte infinitamente pequena. Hoje, agradeço também pelas situações que me causam muita dor. Não sei como elas se desdobrarão no futuro, não sei qual será seu resultado, mas agradeço, porque sei que elas podem ser motivo de gratidão na vida de outra pessoa, que talvez eu nem conheça. Dou graças também pelas graças que desconheço.

Mas, como já mencionei, essas foram apenas duas entre dezenas de outras imaginações predominantemente positivas, que geraram em mim um sentimento inesperado: comecei a sentir-me bem comigo mesmo a despeito de todas as dificuldades pessoais que enfrentava na época.

Era como se eu tivesse me tornado íntimo de mim mesmo.

E era uma sensação viciante. Eu mal aguentava esperar o dia seguinte, em que acordava ainda de madrugada, saía do quarto para me sentar na varanda de minha casa à beira da floresta para mergulhar no espaço do silêncio e invocar minha alma.

Acredito hoje que minha alma aproveitou aqueles três primeiros meses de imaginações ativas mais leves para me fortalecer e preparar para o que estaria por vir. Era como se ela me dissesse: "Não se esqueça de que essa beleza também faz parte de você".

E então veio o dia em que tudo mudou: 28 de março de 2021, Domingo de Ramos, o primeiro dia da Semana Santa. Acordei cedo e, como de costume, sentei-me na varanda para fazer minha imaginação ativa diária. Nem cheguei a fazer a meditação do espaço do silêncio. Assim que fechei os olhos,

vi a figura de São Pedro, que me aguardava, impaciente, nervoso. Ele me agarrou pelo braço e, sem olhar para mim, disse: "Fui instruído a lhe ensinar amor incondicional". Às pressas, ele me arrastou até uma cabana simples no meio de um campo recém-arado. Na porta, São Pedro parou, olhou para mim e disse: "Você entrará nessa casa. No meio da sala, encontrará um espelho. Coloque-se na frente dele e olhe para ele. Não poderei entrar com você, mas lembre-se: o que você verá naquele espelho nem se compara ao que eu vi quando olhei para ele. Agora, vá!", disse o apóstolo, nervoso.

Eu não fazia ideia do que me esperava, não entendia o nervosismo de Pedro. Afinal de contas, eu estava ali para descobrir o que era o amor incondicional, a mais linda de todas as virtudes. Entrei, posicionei-me na frente do espelho no centro da cabana e levantei os olhos.

O horror daquilo que aconteceu em seguida é difícil de descrever. Dentro de segundos, o espelho se encheu com imagens de toda a dor que, durante toda a minha vida, eu tinha causado na vida de outras pessoas. O que eu vi no espelho foi minha imagem como uma pessoa insensível, inescrupulosa, cruel, arrogante e desprezível. E as imagens não paravam de encher o espelho, era um fluxo aparentemente inesgotável dos males que eu tinha cometido ao longo de uma vida de cinco décadas. E o espelho me devolvia cada dor que eu tinha causado. E com cada imagem que o espelho trazia, ele escurecia. Trêmulo e paralisado diante do horror que eu sentia daquela pessoa que via no espelho, não consegui desviar meu olhar. Fiquei olhando para aquela superfície já quase negra, quando senti o braço de São Pedro no meu ombro. Com o outro, ele apontou para meu reflexo já irreconhecível no espelho e disse: "Agora, ame-o".

Quando a imaginação ativa terminou, fiquei sentado na varanda, apavorado, arrasado, imobilizado diante do abismo no qual minha alma tinha me lançado. Nos dias seguintes, as imaginações ativas continuaram a me confrontar com imagens de dor e sofrimento insuportáveis: vi um crucifixo numa igreja, que crescia e crescia até romper o teto da igreja, até os pés perfurados de Cristo preencherem todo o altar, e senti a dor daquelas feridas, que carregavam o peso do mundo. Em outra imaginação ativa, vi freiras no jardim de um convento que plantavam na terra fetos ou minúsculos bebês recém-nascidos como se fossem batatas.

Insisti nas imaginações ativas, pois era o único recurso que eu tinha para entender o que significava tudo isso. Insisti, porque precisava que minha alma me oferecesse alguma luz, me desse algum sinal de esperança, me apontasse algum caminho adiante. Enfraquecido, já sem forças, agarrei-me à promessa da ressurreição. Afinal de contas, era a Semana Santa. Sabia que devia persistir até o Domingo de Páscoa.

Lembro-me de como, naquele domingo de 4 de abril, eu me arrastei até a varanda, já sem expectativa nenhuma. Sentei-me, fechei os olhos

> e me vi náufrago, jogado numa praia. Era noite. Eu tremia de frio, mas não tinha forças nem para levantar a cabeça. Permaneci deitado. Em algum momento, senti uma mão em minhas costas, que ficou comigo até o sol raiar. Então, ouvi a voz de São Pedro que, em tom suave, mas firme, me disse: "Agora chega. Está na hora de se levantar. Você precisa se fortalecer". Levantei a cabeça e, à distância de alguns metros, vi a esposa de Pedro assando um peixe sobre as brasas de uma fogueira, vi um dos filhos de Pedro trazendo-me um copo d'água.

Minha ressurreição não foi uma explosão de vida, meu túmulo não se encheu de luz angelical, não houve transfiguração sobrenatural. Caí em mim e dei-me conta de minha solidão.

O segundo conto:
A pedra-lua

Quando coloquei o pé na plataforma, percebi no mesmo instante que havia algo de estranho nesse lugar. Um casal, parado ao lado do trem, se abraçava: o homem apertava a mulher como se tivesse acabado de chegar de uma longa viagem; ela se agarrava a ele como se estivesse se despedindo dele, com lágrimas de tristeza nos olhos.

Quando finalmente alcancei a rua à frente da estação, as esquisitices continuaram. Do outro lado da rua, havia uma loja. As três vagas de estacionamento na frente dela estavam ocupadas: na primeira, havia um trator com rodas enormes, na segunda, uma bola, na terceira, uma máquina de vento que produzia bolhas de sabão. Espiando pela vitrine, vi que a loja vendia bolas de gude, grão de bico e um modelo do sistema solar.

Talvez estivesse apenas cansado da viagem. A noite estava caindo e fui à procura de um hotel. Não demorei a encontrá-lo. De longe, vi que, na frente dele, estavam estacionadas coisas que vêm e vão: o desenho de uma nuvem, um avião monomotor, a paixão. Lembrei-me de que não cabe a um turista criticar os costumes do país que o acolhe. Na recepção, um senhor muito fino e bem-educado me cumprimentou. Perguntou-me o motivo da minha visita à cidade. Respondi que estava à procura de algo que tinha perdido. Ele me olhou sério, pensou um pouco e então me entregou a chave do meu quarto.

Mais tarde, descobri que cada quarto do hotel era mobiliado e decorado com coisas que tinham algo em comum: havia, por exemplo, o quarto das quatro pernas. Nele, o hóspede encontrava uma mesa, uma cadeira e uma cabra. Outro quarto era o quarto da dureza e era equipado com uma barra de ferro, um cubo de gelo e uma pessoa de coração endurecido. O hóspede dormia no chão. Outro quarto (o meu), era o das coisas em que só as pessoas estúpidas se perdem: havia ali uma floresta escura, um labirinto, os olhos do outro, a paixão. Passei trinta noites terríveis naquele quarto, sentindo-me totalmente perdido e estúpido. De dia, sentava-me às margens do rio e chorava.

Os cidadãos deste lugar não conhecem conceitos abstratos como adição, subtração, desapego ou parentesco. Para eles, crianças são coisas que crescem. Pertencem à mesma categoria das plantas e das enchentes. Pais não existem aqui. São adultos e, portanto, semelhantes a prédios, a postes de luz e ao preço da abóbora, ou seja, são coisas que deixaram de crescer e aumentar. Aqui, a abóbora existe em abundância e é vendida a preço de banana.

Esse modo de ver o mundo, não sei por que, me deixou muito triste. Todos os dias, eu me sentava às margens do rio e chorava. Minhas lágrimas caíam sobre uma pedra que aumentava e diminuía de acordo com as fases da lua. Aquilo me deu esperança. Reconheci que ainda existiam relações e semelhanças que fazem sentido.

Deixei ali aquela pedra-lua, pois era aquele seu lugar.

3

O SOPRO DA ALMA

A DESCOBERTA DO SAGRADO

Interrompi minha sequência diária de imaginações ativas. Eu precisava de tempo para processar tudo que havia acontecido durante aquela Semana Santa. Precisava de tempo para entender o que significavam aquelas imagens que minha alma me mostrara. Precisava de tempo para me fortalecer. Eu sabia que algo importante e decisivo havia acontecido e que minhas imaginações ativas nunca mais voltariam a ser as mesmas.

Seguiu-se um ano em completo isolamento. Só saía de casa para fazer compras. Atormentado por pesadelos, acordava de madrugada e me levantava, acendia as luzes da casa para espantar os espíritos da noite e passava o dia trabalhando. No fim do dia, exausto, me deitava cedo.

A tinta azul em meus cadernos azuis registra para esse período imaginações ativas espaçadas.

Sombras. Quantas sombras. Apesar de não acreditar mais no Deus dos meus pais, esse Deus continuava a me acusar. Como se combate um Deus em que não se acredita, mas que continua a atormentar a alma?

Eu estava física e emocionalmente exausto, cansado da vida. Entre uma imaginação ativa e outra, minha caneta anota: "Para que continuar nessa luta? O que me impede de entrar no mar e me jogar nos braços de Iemanjá?"

Comecei a escrever cartas à minha alma que eu ainda sentia distante.

> De repente, eu soube de ti. Não era imaginação nem devaneio. De repente, tu estavas aqui. Em meu coração e, milésimos de um segundo mais tarde, em meus pensamentos. Desde então, o Atlântico é uma ruptura no continente primordial; Pangeia é um coração partido. Que destino cruel – às minhas pegadas na areia correspondem os rastros que tu deixas na neve. Eu paro e atraco meu corpo nessa lacuna de ar reprimido – é de enlouquecer. Só com o coração sei que tu te pareces mais comigo do que sugerem nossos caminhos tão diferentes. O oceano engole meus rastros que, duas vezes ao dia, eu deixo para ti na areia. Duas vezes ao dia, percorro o mesmo caminho, para que meus rastros estejam presentes quando os teus derreterem e, em algum momento, encontrarem o caminho que os levará até o mar. Percorrerei a praia, dia após dia, até que, um dia, as ondas imprimam na areia as tuas pegadas ao lado das minhas.

De alguma forma, sentia a existência e presença da alma, mas sempre que estendia o braço para tocá-la, ela se afastava de mim:

Um ser onírico apareceu hoje de manhã na superfície da água, encheu o dia de vapor, e uma neblina espessa se deitou sobre minha alma. Em cegueira branca voltei tateando para a noite na qual obtive certeza de ti. Tu és, pois senti tua pele. Tu tomaste minha mão, a ela mostraste teu corpo e me contaste de Tétis. Quando o dia nasceu, pedi, implorei que amarrasses minha mão à tua nuca com os teus cabelos. Tarde demais. Tua pele já estava molhada e lisa como a pele do hipocampo. O animal terrível bufou uma última vez, a onda veio, Tétis o tomou pelas rédeas, e ele a seguiu para as profundezas. Hoje, enquanto o ar clareava, pensei: quando tu deitaste o dedo sobre minha boca, eu não sabia que dormia, não sabia que estava num sonho. Eu estava na ponta do teu dedo.

No entanto, dar-me conta da solidão significou também perceber que existe algo maior do que eu. Solidão só é possível se existe separação. E separação só existe se há algo além de mim. A solidão é, portanto, uma experiência profundamente espiritual. Minhas imaginações ativas já haviam me mostrado que aquilo que eu percebia como meu eu estava inserido num vasto universo psíquico desconhecido, em que eu vivia na companhia de inúmeras outras figuras. As cartas à alma me mostravam que, no mundo concreto, eu estava sozinho, trancado numa casa no meio do mato.

Iniciei então a busca pela fórmula que me permitiria aproximar o mundo externo de meu universo interior. Voltei toda a minha energia para essa busca. Algo me dizia que eu só alcançaria meu objetivo se continuasse fazendo esse trabalho sondando meu inconsciente, buscando nele as respostas ao mistério da vida.

Tenho refletido muito sobre o que teria despertado em mim aquela saudade intensa pela minha alma que o trabalho com os *Livros Negros* suscitou em mim. Talvez tenha sido o confronto com o espelho da minha caligrafia desalmada, talvez tenha sido a discrepância entre a caligrafia de Jung e o conteúdo de suas imaginações ativas que me lembrou do abismo que existia entre como eu me via e a alma que eu queria ter, talvez tenha sido simplesmente o desejo de ter uma experiência semelhante à de Jung.

A razão principal, porém, foi outra: após poucas páginas traduzidas, percebi que os relatos de Jung sobre sua descida ao mundo do inconsciente descreviam não só um experimento psicológico, mas também uma busca mística e espiritual, e, de repente, vi diante de mim uma resposta à minha busca por uma espiritualidade profundamente pessoal, que não fosse obrigada a aceitar dogmas, preceitos e mandamentos impostos por uma religião externa a mim – por uma espiritualidade que nascesse das profundezas de meu próprio ser.

O que os *Livros Negros* descrevem é o universo que Jung encontrou no buraco no seu peito.

Cada um de nós carrega consigo um buraco no peito, e, para cada um de nós, esse vazio assume uma forma diferente, cada um de nós o associa a uma experiência ou sentimento diferente. Para alguns, o vazio representa a ferida deixada por uma experiência traumática, para outros, ele assume a forma de um desejo insaciável por amor, ainda outros o percebem como uma falta de sentido na vida.

O vazio no meu peito se manifestou na forma da discrepância entre o que eu experimentava nas imaginações ativas que, apesar de difíceis e dolorosas, me apresentavam um mundo diferente, prenhe de significado, e o que eu vivenciava no meu dia a dia. Passei então a implorar à minha alma que me mostrasse uma maneira de vencer a distância entre os dois mundos. Implorei, insisti, chorei.

E então, em 17 de março de 2022, aconteceu o milagre em que, mesmo que só por alguns instantes, minha alma se fundiu com o corpo. Eu tinha acabado de almoçar e estava de volta à escrivaninha, voltado para a parede, trabalhando, quando, de repente, senti o cano frio de um revólver em minha nuca. Não tive nem tempo de me virar para ver o que estava acontecendo. Fui puxado de minha cadeira e jogado no chão. Recebi a ordem de olhar para a parede, e, enquanto um dos bandidos continuava apontando a arma para a minha cabeça, o outro revirava a casa. De vez em quando, cochichavam, eu não conseguia entendê-los, imaginava que estavam discutindo o que fariam comigo. Deitado no chão, com o cano da arma na nuca, fiquei imaginando minha morte. E de repente, como uma bolha de ar que se desprende do fundo do mar, sobe e estoura na superfície, espocou dentro de mim uma vontade indomável de viver. Ao mesmo tempo, senti nos ossos que eu não levava uma existência separada do mundo, que eu não podia continuar nesse isolamento, que eu era parte de algo muito maior do que eu e que nada, nem mesmo a morte, seria capaz de me separar disso. Foi a sensação física de uma experiência mística, um momento em que senti que a alma tinha tomado posse do corpo.

"Hoje não é o dia em que vou morrer", pensei, e comecei a conversar com os bandidos. Contei-lhes da minha vida, perguntei se tinham filhos, falei da minha filha, de como sentia falta dela, do medo que tinha de morrer e nunca mais vê-la. Finalmente, um dos bandidos disse: "Não vamos machucar o senhor. Só estamos fazendo isso porque não conseguimos alimentar nossa família com o salário que ganhamos".

Não nego que, na noite seguinte, não fechei um olho. Qualquer barulho me assustava. Fiquei sentado na varanda escura, olhando para a noite. Ao mesmo tempo, porém, eu sabia que minha vida mudaria em breve porque eu já não era mais o mesmo.

O terceiro conto:
Achados e perdidos

Abri os olhos. Encontrava-me jogado num lugar muito semelhante às alas das caixas postais nos Correios: os mesmos corredores, os mesmos armários, só que sem gavetas: estantes infinitas com vãos do mesmo tamanho, seu conteúdo à vista.

Havia de tudo ali: um saco de fuligem; um relógio eletrônico; lábios partidos; roupas fúnebres; um arado quebrado; um mapa sujo de sangue; a máscara de uma criança; facas longas; veias em conserva; formigas caramelizadas; uma rosa cheia de ódio; um navio sem casco; uma boneca num dia de chuva; uma coroa sem rei; um céu rasgado por um raio; um vale pelo qual ainda ecoavam as gargalhadas de um casal feliz; uma garrafa de vinagre; um instrumento de gritos; um prato de vitela com ervilhas; mágoas afogadas em vinho; uma luva de veludo; dois fragmentos de poesia; a lua em câncer; relíquias das mil mulheres de Salomão; uma dança em zigue--zague; uma sequência de letras interrompida por um dígito; um cartucho de pistola; uma centopeia corcunda; o cabelo inesquecível da primeira feminista; a delicada estrutura óssea da pata traseira de um sagui; cartas de um amor tão ousado que não tive coragem de lê-las; a vertigem que se instala diante da visão do rosto da amada; um nu masculino em aquarela; um ídolo enfurecido, uma trepadeira do vale de Simba;

uma colmeia com um mel que entorpece os saudáveis, mas que cura a melancolia; um punhado de uma areia que não escorre pelos dedos; um anjo desamparado; a imitação em vidro do olho de Polifemo; o ônix de um vidente; o orgulho de um acadêmico; um lenço em farrapos; o laço para escravizar uma alma; a lápide do túmulo do cavalo do rei do Ceilão; as lendárias pérolas rosadas de Zipangu; a famosa cópia em papelão do telescópio de Galileo; um coração petrificado; um ovo chocado etc. *ad infinitum*, como me parecia.

"Retratos da vida", pensei, "que confusão desordenada!"

Algo, porém, me impediu de condenar e relegar ao esquecimento todo esse acúmulo de inutilidades. Alguns dos itens guardados aqui me pareciam estranhamente familiares. O prato de vitela com ervilhas, por exemplo, era meu prato favorito; a lua em câncer era uma constelação do meu mapa astral; o lenço em farrapos me lembrava de minhas lágrimas derramadas num surto de raiva.

Foi aí que percebi a aproximação de um casal acompanhado de um funcionário dos Correios. Pararam na frente das cartas de amor. O casal apresentou amostras de suas respectivas caligrafias. O funcionário dos Correios as comparou com as escritas encontradas nas cartas, balançou a cabeça, olhou novamente com muito cuidado e finalmente entregou as ousadas cartas de amor ao casal. Nunca vi um casal tão feliz.

Foi aí que o funcionário dos Correios me viu deitado no chão. Aproximando-se de mim, perguntou: "Posso ajudar-te? Perdeste algo?"

"Onde estou? Que lugar é este?", perguntei.

"Este é o departamento dos Achados e Perdidos dos Correios, meu senhor. Estás procurando algo?"

"Meus pais", respondi.

"Não guardamos pessoas aqui. Temos uma creche para as crianças que perdem seus pais nos longos corredores dos nossos Correios, mas não temos nenhum lugar em que guardamos os pais que perdem seus filhos. Mas tenho algo que talvez te sirva de consolo. Por favor, segue-me."

Atrás daquele armário havia outros armários, e em um deles havia um pequeno frasco.

"Estas", explicou-me o funcionário, "são as lágrimas que os pais derramaram quando cortaram uma cebola depois de terem perdido seu filho".

Chorei. Porque, para um filho, não existe medo maior do que aquele que lhe sugere que as lágrimas que seus pais derramam por ele sejam falsas.

4

A DEUSA NEGRA
A DESDOGMATIZAÇÃO DO EU

> Vi três rostos que pareciam esculpidos em madeira, com traços exagerados, semelhantes a caricaturas. Um dos rostos estava virado para a esquerda, e ele beijava um peixe que descia do céu. O rosto do meio olhava para o alto, a cabeça inclinada para trás, com barba de sacerdote persa, e estava aos prantos. O terceiro rosto estava virado para a direita, mas ele olhava surpreso para sua mão direita, como que maravilhado diante da capacidade de sua mão de criar tanta coisa.

Quando me veio esta imagem durante uma imaginação ativa, eu não a entendi. Aparentemente, ela não contava uma história, parecia retratar três indivíduos ou três estados distintos. A imagem não saía da minha cabeça. Pedi ajuda a um velho amigo ilustrador e autor de livros infantis. Não demorou, e ele me enviou o desenho que ilustra a capa deste livro.

E foi somente com o desenho em mãos que entendi:

O peixe que desce do céu do lado esquerdo da ilustração representa Cristo ou o cristianismo. Sou filho de missionários evangélicos que, em 1963, partiram da Suíça rumo ao Brasil. Cresci imerso na fé cristã e a segui com fervor até aos 19 anos de idade, quando caí numa crise de fé devastadora.

O sacerdote persa aos prantos representa o luto pela perda da minha religião. Passei trinta anos lamentando meu distanciamento de uma fé que, nos primeiros anos da minha vida, tinha me dado tanta segurança, um fundamento tão seguro. Embora soubesse que não tinha como voltar atrás, que ignorar minhas dúvidas seria uma traição da minha alma, levei mais de trinta anos para superar meu luto.

Mas é no terceiro rosto que quero me concentrar neste capítulo.

Poucos meses após completar 6 anos de idade, fui enviado para um internato para filhos de missionários em Belém do Pará, que ficava a 2 mil quilômetros de distância da cidade em que meus pais trabalhavam. Quando a diretora do colégio interno, uma prussiana rígida e de postura severa, fazia suas rondas noturnas pelos dormitórios das crianças e me encontrava chorando de saudades de meus pais, ela me dizia: "Pare de chorar. É a vontade de Deus que você esteja aqui para que seus pais possam fazer a obra para a qual Deus os chamou".

O vazio provocado pela separação do amor dos pais se reproduzia no vazio que eu, um garotinho impotente, sentia diante de um Deus onipotente e cruel.

Passei uma vida tentando preencher esse vazio: primeiro, aliando-me ao inimigo, a esse Deus capaz de tamanha crueldade, a esse Deus capaz de separar uma criança da presença amorosa de seus pais; depois, após reconhecer que eu jamais seria capaz de cumprir as exigências desumanas desse Deus, tentei encontrar substitutos em outras religiões ou práticas religiosas.

Parafraseando Kingsley: eu queria cura da dor, queria preencher o buraco no meu peito, mas não entendia que estava tentando fugir dele. Eu tentava fugir da tristeza, mas não entendia que, somente se a encarasse, eu descobriria que ela fala com a voz do meu mais profundo anseio. Acreditava que precisava encontrar lá fora algo que fosse capaz de preencher o vazio aqui dentro. E enquanto procurava e ouvia o que as vozes lá fora me traziam, eu não ouvia a voz que ressoava de dentro do buraco no meu peito.

Em retrospectiva, vejo que as imaginações ativas de Jung nos *Livros Negros* falavam a língua dessa voz. E, pela primeira vez em minha vida, entendi o que ela estava tentando me dizer: pare de olhar para fora, olhe para dentro.

Olhei para dentro e vi que estava doente.

Na Grécia antiga, escreve Peter Kingsley,

> quando as pessoas adoeciam, [...] elas se deitavam num espaço confinado. Muitas vezes, era uma caverna. E elas ou adormeciam e tinham um sonho ou entravam em um estado descrito como nem dormir nem estar desperto – e, eventualmente, elas tinham uma visão. Às vezes, a visão ou o sonho as colocava face a face com o deus ou a deusa [...], e era assim que a cura ocorria. Pessoas eram curadas dessa forma o tempo todo.
>
> O importante era que você não fizesse absolutamente nada. Chegava um momento em que deixava de lu-

tar ou de fazer esforço. Só precisava se entregar à sua condição. Você se deitava como se estivesse morto; esperava sem comer, sem se mexer, às vezes, dias a fio. E esperava até que a cura viesse de outro lugar, de outro nível de consciência e outro nível de existência (Kingsley, 1999, p. 80)[1].

A técnica da imaginação ativa desenvolvida por Jung dispensa a necessidade de permanecer imóvel por longos períodos. Mas não dispensa a necessidade de morrer enquanto ainda estamos vivos, de renunciar a todas as garantias às quais nos agarramos.

Minha morte não se deu em uma única sessão de imaginação ativa, embora, já na primeira das minhas imaginações, minha alma me mostrasse o que estaria por vir. Em vários níveis e sentidos, a primeira imaginação ativa já prenunciava todo o processo pelo qual eu passaria nos meses seguintes.

Após concluir a tradução e os trabalhos de revisão dos *Livros Negros*, deitei-me na cama do meu quarto, fechei os olhos e comecei a invocar minha alma usando as palavras de

---

1. [Tradução minha.] Texto original: "If people were sick […] they would lie down in an enclosed space. Often it was a cave. And either they'd fall asleep and have a dream or they'd enter a state described as neither sleep nor waking-and eventually they'd have a vision. Sometimes the vision or the dream would bring them face to face with the god or the goddess […], and that was how the healing came about. People were healed like this all the time. What's important is that you would do absolutely nothing. The point came when you wouldn't struggle or make an effort. You'd just have to surrender to your condition. You would lie down as if you were dead; wait without eating or moving, sometimes for days at a time. And you'd wait for the healing to come from somewhere else, from another level of awareness and another level of being".

Jung: "*Meine Seele, meine Seele, wo bist du? Hörst du mich?* [Minha alma, minha alma, onde estás? Tu me ouves?]" Nem tive tempo de completar a invocação. Dentro de instantes, eu me vi transportado para dentro de uma viatura de um policial norte-americano, segundos antes de um terrível acidente. No banco de trás, encontravam-se dez livros, as dez obras clássicas do capitalismo. O acidente matou o policial ao volante e lançou os livros pelo para-brisas da viatura. Foi uma imaginação ativa que só durou segundos, mas eles bastaram para me deixar pálido e encharcado de suor.

Somente após um ano, quando procurei a ajuda de um analista junguiano, entendi que o que estava acontecendo comigo era um processo de desconstrução do meu ego ou, como bem disse ele, a "desdogmatização" do meu consciente: o confronto com resquícios de crenças e dogmas da minha criação religiosa ainda profundamente enraizados que precisavam ser arrancados de minhas entranhas.

Mas a desconstrução do ego, da autoimagem, de tudo que acreditamos ser real, é apenas uma das mortes que se faz necessária para quem deseja descer para as profundezas do inconsciente e ficar face a face com os deuses e as deusas que encontrará no submundo.

Os gregos descreviam essa morte como "silêncio", mas não apenas como silêncio do corpo, da boca que se cala. Para os gregos antigos, silêncio significava também o calar-se da mente. Em outras palavras, para obter acesso ao submundo, era preciso desistir do raciocínio e da lógica da mente desperta.

Pois no submundo, no mundo do inconsciente, não há tempo nem espaço. Essas são as duas grandezas que determinam tudo que vivenciamos no mundo concreto e que orientam nosso raciocínio. Os gregos sabiam que quem entrasse no submundo agarrando-se às suas opiniões e teorias, a tudo aquilo que acreditava ser real, correria perigo de vida. Pois o mundo do inconsciente não obedece às regras da lógica humana.

Quando a pessoa doente buscava cura num centro de incubação na Grécia antiga para acessar outros níveis de consciência, ela sempre era acompanhada por um sacerdote-curador, especializado em incubação, capaz de, em silêncio, conduzir o paciente ao longo desse processo.

Jung estava ciente do perigo que um acesso descuidado e despreparado ao inconsciente representava. Ao falar sobre a imaginação ativa, ele reconheceu que muitos têm medo de se entregar a ela devido à possibilidade da eclosão de alguma psicose. Mas quando a pessoa chega ao ponto em que consegue "imaginar ativamente e modelar sua fantasia", dificilmente corre um risco sério.

O medo está no inconsciente, porque "a participação e o envolvimento voluntário na fantasia se apresentam a uma inteligência ingênua como algo arriscado, pois esse passo significa tanto como uma psicose antecipada".

Jung escreveu:

> O inconsciente é neutro. Se, por um lado, ele é destrutivo, por outro, é construtivo. É a fonte de todos os males possíveis e, ao mesmo tempo, a matriz de toda experiência divina (OC 18/2, § 1.586).

Disso resulta a necessidade de discernir. As manifestações do inconsciente são ambivalentes e ambíguas. Por isso, o maior desafio para aquele que, ainda vivo, se aventura pelo submundo é não dominar e não ser dominado: não interferir recorrendo à razão e lógica do mundo dos vivos e, ao mesmo tempo, não permitir que os seres que habitam o submundo o enganem e assim o dominem. Existe uma grande diferença entre uma psicose que irrompe e a imaginação ativa, que exige atenção crítica.

No entanto, para que a imaginação ativa possa ocorrer, é preciso abrir mão de qualquer opinião que possamos ter acerca de como a realidade "funciona", precisamos renunciar a qualquer desejo que possa interferir enquanto estivermos acessando o inconsciente. Não adianta tentarmos acessar o inconsciente com o desejo de receber uma resposta a uma pergunta concreta, justamente porque nossos desejos nascem da nossa vida consciente e, portanto, já estão contaminados pelo raciocínio e pela lógica que utilizamos para sobreviver no mundo concreto. Por exemplo, se eu quisesse acessar o inconsciente com a intenção de encontrar uma cura para a ferida aberta desde minha separação de meus pais aos 6 anos de idade, eu o faria com uma expectativa da cura como eu a desejo e imagino.

Peter Kingsley comenta:

> [...] desenvolvemos uma ideia tão superficial de cura. Para a maioria de nós, cura é aquilo que nos deixa confortáveis e alivia a dor. É aquilo que nos deixa serenos,

que nos protege. Aquilo, porém, que queremos curar é, muitas vezes, aquilo que nos curará se suportarmos o desconforto e a dor.

Queremos a cura da doença, mas é por meio da doença que crescemos e somos curados da nossa complacência. Tememos a perda, mas é por meio daquilo que perdemos que somos capazes de encontrar aquilo que nada pode tirar de nós. Fugimos de tristeza e depressão. Mas se encararmos nossa tristeza, descobriremos que ela fala com a voz do nosso mais profundo anseio (Kingsley, 1999, p. 4)[2].

Numa carta a Herbert Read, Jung insiste que a imaginação ativa só "é um produto legítimo e autêntico da mente inconsciente [...] quando a fantasia não é forçada, violada e subjugada por uma ideia bastarda, intelectualmente preconcebida" (Jung, 2002, p. 114).

A técnica da imaginação ativa praticada por Jung não poderia ser mais simples. No entanto, é tão difícil resistir ao impulso de querer controlar o resultado de tudo que acontece em nossa vida, é tão difícil largar mão da convicção de saber o que é bom para nós.

---

2. [Tradução minha.] Texto original: "[...] we've come to have such a superficial idea of healing. For most of us, healing is what makes us comfortable and eases the pain. It's what softens, protects us. And yet what we want to be healed of is often what will heal us if we can stand the discomfort and the pain. We want healing from illness, but it's through illness that we grow and are healed of our complacency. We're afraid of loss, and yet it's through what we lose that we're able to find what nothing can take away from us. We run from sadness and depression. But if we really face our sadness we find it speaks with the voice of our deepest longing".

Na mitologia grega, o cão tricéfalo Cérbero vigiava a entrada do Hades. Esse monstro assustador recebia os mortos com mansidão, mas destroçava os vivos que insistiam em passar por ele. Cérbero também impedia o retorno dos mortos para o mundo dos vivos.

Eu me pergunto: O que Cérbero representaria para os vivos, de um lado, e para os mortos, de outro? Por que os vivos precisariam ser protegidos do mundo dos mortos, e vice-versa?

Evoco a imagem de Cérbero. A razão me diz: Este ser não existe. É produto da loucura! Afasto-me, corro, fujo.

Invadir despreparado o mundo dos mortos significa loucura certa. O confronto com o mundo do inconsciente, que obedece às leis das imagens e dos símbolos e não das palavras, nos deixa desorientados e perdidos. Na tentativa de aplicar a lógica às imagens apresentadas pelo mundo mítico, a razão enlouquece, pois nada faz sentido para ela. Para uma razão enlouquecida não há como voltar para o mundo dos vivos. Mesmo que queira, ela não entende a geografia da loucura, que não conhece tempo nem espaço.

E imagine só o que aconteceria se aos mortos fosse permitido invadir o mundo dos vivos – se, de repente e sem preparo, os vivos fossem confrontados com um mundo que não segue suas leis. Sua razão não daria conta de discernir aquilo que ela identifica como real e aquilo que é irreal.

Cérbero é, portanto, símbolo de proteção para os vivos. Cérbero, o monstro que se apresenta a nós como uma criação da loucura, é justamente a razão que nos protege do enlouquecimento. Assim: para entrar no submundo, é preciso morrer para a razão. Só assim Cérbero nos reconhece como mortos e nos permite acesso ao reino que ele vigia.

E então nós nos deparamos com um mundo que, segundo os gregos, nos revela a essência das coisas, que não se apresenta na forma de palavras, mas de enigmas.

> [...] a língua dos deuses é cheia de surpresas que nos envolvem de todos os lados e nos assaltam pelas costas.
>
> [São] sementes que precisam ser absorvidas para que possam crescer e transformar a natureza do ouvinte, gerar uma consciência diferente. [...] Em vez de receber respostas prontas, só recebemos a semente da resposta, pois o enigma já contém sua solução.

E quando retornamos do submundo, quando voltamos para o mundo dos vivos, precisamos resistir à tentação de interpretar as imagens que recebemos do inconsciente. Os gregos ainda tinham uma noção nítida de que os melhores intérpretes dos enigmas da existência sabiam que a parte mais importante da interpretação era não interferir, mas simplesmente observar, ouvir e permitir que as coisas observadas revelassem seu sentido. Quem acreditava entendê-los e tomava decisões com base em sua interpretação corria perigo de vida.

Quando Maria, a mãe de Cristo, não entendia as palavras de seu filho, ela as guardava não na memória, não na mente, mas no peito, no coração. E precisamos fazer o mesmo com as imagens que recebemos do inconsciente: guardá-las no peito até que elas nos revelem seu sentido ou, como diziam os gregos, até nós mesmos nos tornarmos o enigma.

Tanto para os gregos como para Jung, as jornadas ao submundo, as incursões ao inconsciente não eram um fim em si, não eram feitas só por curiosidade ou pela excitação que a viagem proporciona. Ao contrário, seu propósito era muito prático. Na Grécia antiga, quando as pessoas procuravam os centros de incubação, elas ficavam deitadas sem se mexer até receberem uma visão ou um sonho; elas o faziam porque buscavam cura. As imagens que recebiam no submundo, as mensagens que recebiam dos deuses e das deusas estavam intimamente ligadas à cura, e isso significava colocar sua vida em ordem em todos os níveis possíveis e ajudar outras pessoas a também colocarem sua vida em ordem, transformar o caos inicial em cosmos. E na opinião dos gregos não existe cura real se não descobrirmos quem somos por trás do mundo sensorial.

Para transmitir uma noção daquilo que isso significa, preciso recorrer às minhas experiências. Quando comecei a fazer imaginações ativas no início de 2021, meu inconsciente me apresentou muitas paisagens internas misteriosas, as quais eu não soube interpretar. Depois vieram confrontos terríveis com sombras, que me obrigaram a olhar para a minha vida e tomar decisões para impedir que essas sombras voltassem a se manifestar. Mais tarde, já na segunda metade de 2021, fui apresentado a deusas que, embora falassem minha língua, eu não soube decifrar. Elas me deram instruções sobre como eu deveria levar a minha vida, mas eram instruções enigmáticas que só entendi muitos meses depois em minha análise, após guardar essas sementes em meu peito e esperar que elas brotassem e desvendassem seu mistério.

Mas o mais importante, o que realmente me transformou, não foi o significado que, eventualmente, consegui atribuir a essas imaginações. O mero fato de vivenciar essas imagens, de mergulhar nesses símbolos, me deram uma noção de quem eu sou. E quando comecei a descobrir, através da experiência, quem eu sou, comecei também a saber o que eu deveria fazer. Comecei a colocar minha vida em ordem.

Roberto Gambini explica que, quando o ser humano olha para sua mão, ele toma conhecimento de si mesmo. A simbologia da mão, desta minha mão, é riquíssima. Olho para minha mão e reconheço que, num nível muito profundo, ela representa quem eu sou. Ela é meu elo entre meu inconsciente e minha vida consciente, é ela que executa no mundo "real" as instruções que recebo do inconsciente. É ela que me ajuda a integrar o inconsciente no consciente. É ela que faz acontecer aquilo que Jung chamou de *unio mystica*, a união do inconsciente com o consciente. E essa é uma experiência profundamente mística ou espiritual.

Para os gregos antigos, cura era algo espiritual, que ocorre quando colocamos a nossa vida em ordem – no nível biológico, emocional, intelectual, espiritual e social. Isso significa reconhecer e aceitar as leis que regem todos esses níveis.

Normalmente imaginamos uma lei como algo que nos restringe e que impõe limites à nossa vida: proibições, deveres, obrigações. Mas quando a lei nasce do encontro com nossa essência, ela nos dá uma liberdade que não conseguimos imaginar antes de experimentá-la pessoalmente. Somos livres não só porque essas leis nos mostram nossos limites, mas porque elas nos dão uma direção e um propósito na vida. Conseguimos seguir essa direção e realizar esse propósito justamente porque essas leis nasceram da nossa essência. São elas que nos conectam e nos permitem viver aquilo que realmente somos.

Jung disse que podemos adquirir todo o conhecimento que nosso inconsciente nos oferece, mas, se não o concretizarmos na vida desperta, esse conhecimento não vale nada.

Olho maravilhado para esta minha mão, que executa e concretiza as leis e, assim, me cura.

Quando nos convencemos de que tudo no mundo é quadrado e quando ignoramos a existência do mundo redondo dentro de nós, o universo no nosso peito se transforma num abismo vazio que nada que existe neste mundo quadrado consegue preencher. Peter Kingsley escreve:

> Todos nós temos essa vasta ausência e falta dentro de nós. A única diferença entre nós e os místicos é que eles aprendem a encarar aquilo do qual nós achamos um jeito de fugir. Essa é a razão pela qual o misticismo tem sido relegado às margens da nossa cultura: porque quanto mais sentimos esse vazio dentro de nós, mais sentimos a necessidade de preenchê-lo. Então tentamos substituir isso e aquilo, mas nada dura. Continuamos querendo outra coisa, precisando de outra

> necessidade para continuarmos funcionando – até alcançarmos o momento da nossa morte e descobrirmos que ainda queremos os mil substitutos que já não podemos mais ter. [...]
>
> Quando você dá de costas para todos os substitutos, de repente, não existe mais futuro, só o presente. Não há para onde ir, e, para a mente, esse é o pior dos terrores. Mas se você conseguir permanecer nesse inferno, sem rota de fuga à esquerda, nem à direita, nem à frente nem atrás de você, então você descobrirá o silêncio total (Kingsley, 1999, p. 34-36)[3].

E é com esse silêncio que começa o caminho da cura e da espiritualidade.

No entanto, para encontrar esse silêncio, às vezes, é preciso primeiro atravessar o barulho.

Meu relacionamento com meus pais não era fácil. Ambos haviam sido missionários do Deus da luz e da verdade no Brasil, haviam me criado nessa fé e, quando rompi com a fé deles, eles continuaram a exercer sua influência religiosa

---

3. [Tradução minha.] Texto original: "We all have that vast missingness deep inside us. The only difference between us and the mystics is that they learn to face what we find ways of running away from. That's the reason why mysticism has been pushed to the periphery of our culture: because the more we feel that nothingness inside us, the more we feel the need to fill the void. So we try to substitute this and that, but nothing lasts. We keep wanting something else, needing some other need to keep us going-until we come to the point of our death and find ourselves still wanting the thousand substitutes we're no longer able to have. [...] When you turn away from all the substitutes there's suddenly no future anymore, just the present. There's nowhere to go, and that's the ultimate terror for the mind. But if you can stay in this hell, with no way to the left or to the right or in front or behind, then you discover the peace of utter stillness".

sobre mim. Contaminado pelas crenças e pelos dogmas de sua fé, eu me sentia culpado por não estar seguindo essa fé, mas, ao mesmo tempo, me revoltava contra eles como representantes daquele Deus que eu deveria estar seguindo, mas no qual não conseguia mais acreditar.

Em 2022, viajei para a Europa para visitar meus pais. Durante aquela visita, tive uma discussão intensa com meu pai. Ao longo de três horas, todas as feridas causadas pela fé dele nos vinte primeiros anos da minha vida se abriram, todas as mágoas acumuladas ao longo de trinta anos, desde minha ruptura com a religião, vieram à tona. Numa tentativa desesperada de finalmente me libertar dessa figura paterna que continuava tentando impor sua fé e seu estilo de vida, joguei tudo contra aquele homem de 86 anos, sem filtros, sem piedade, enquanto ele tentava me calar e minha mãe chorava, porque não fazia ideia do sofrimento que a fé dela havia causado na minha vida.

Passei os dias seguintes trancado dentro de mim mesmo, lambendo minhas feridas, tentando dar conta das emoções reprimidas durante toda uma vida e que agora faziam minha pele arder. Fiz longas caminhadas naqueles dias.

Perto da casa dos meus pais havia um pequeno lago cercado de árvores, e havia ali também um banco, onde eu me sentava e tentava me acalmar. Mais ou menos três dias após o confronto com meu pai, finalmente ouvi a voz da minha alma, que implorava para que eu conversasse com ela. Então, sentado naquele banco à margem daquele pequeno lago escondido entre as árvores, fiz uma imaginação ativa.

E minha alma me levou a um espaço escuro (não era uma escuridão assustadora, parecia ser a escuridão de um palco de teatro minutos antes do início do espetáculo).

No centro dessa escuridão havia um banquinho simples de madeira, e nesse banquinho estava sentada uma criança, que ficava mudando de cor, raça e gênero. Ela parecia estar banhada em luz, mas eu não conseguia ver se ela estava sendo iluminada por holofotes ou se a luz emanava dela mesma. Na medida em que me aproximava dela, ela parecia procurar a forma em que queria se apresentar a mim. Finalmente, ela assumiu a aparência definitiva de um menino negro de uns 5 ou 6 anos de idade.

"Eu sou sua origem", o menino disse.

Fiquei um pouco surpreso com essa apresentação sem introdução prévia.

"A origem da minha alma, a origem da minha existência?", perguntei.

O menino riu.

"Não, seu bobo, eu sou a origem por trás da sua alma. A origem da sua existência é você. Eu sou o potencial de todas as suas possibilidades, e eu sou a potência das suas escolhas. Eu sou a promessa de vida, a promessa que se cumpre em você."

Imagens da minha vida passaram pela minha mente. Imagens de escolhas feitas, imagens de escolhas não feitas. A vida vivida, inúmeras outras vidas não vividas.

Eu não entendi.

Então surgiu atrás da criança a Mãe Divina, também negra, mas alta e poderosa. Ela vestia um lindo tecido com estampas vermelhas, brancas, amarelas e pretas e um largo arco de ouro reluzia entre seus cabelos. E dela emanava um amor que fazia a criança sorrir. Não era um amor suave. Era um amor determinado, um amor que sabe o que quer, um amor disposto a lutar pelo que quer.

Olhei novamente para a criança, e vi minha vida vivida, as escolhas que fiz. E senti o amor da Mãe Divina em cada escolha que fiz, em cada experiência que vivi.

"Teu amor é implacável e cruel, Divina Mãe", eu disse. "Tu me levaste a fazer escolhas que me causaram grande dor."

"Você poderia ter escolhido outra vida", respondeu a Mãe Divina, "mas decidiu buscar meu amor".

"Eu nunca quis ser herói", respondi.

"Amar exige coragem. Mas você confundiu coragem com luta, meu filho", disse a Mãe Divina.

Novamente olhei para a criança. E me vi cansado, ferido.

"Entenda que você não precisa lutar", continuou a Mãe Divina. "Concentre-se naquilo que você deseja. Se é o amor que você deseja viver, ame. Ame com determinação."

"Como posso amar se não sei o que é amor?", perguntei.

"Como a vida, o amor também é um potencial de possibilidades. É uma promessa que se cumprirá em você. Você fará escolhas e assim decidirá o amor que viverá. Escolher exige coragem. Não lute, escolha."

Olhei para a criança e vi o potencial da possibilidade do amor. E vi que o amor são as infinitas possibilidades de vivê-lo. Vi que, com cada forma de viver meu amor, uma promessa da Mãe Divina feita à criança se cumpre.

Carl Gustav Jung disse certa vez que o maior desafio do ser humano nos nossos tempos é encontrar seus deuses dentro de si mesmo. Para ele, essa tarefa era tão importante que chegou a dizer que a sobrevivência da humanidade dependia de seu êxito. No entanto, ele temia que não seríamos capazes de cumprir essa missão.

Quando entramos em contato com o divino dentro de nós, entramos em contato com nossa essência, e quando entramos em contato com nossa essência, quando obtemos uma noção de quem realmente somos, nasce em nós uma noção daquilo que precisamos ser e fazer. Os místicos de todas as religiões em todas as regiões do mundo afirmam: não existe conhecimento de Deus sem autoconhecimento. O encontro com o divino passa necessariamente pelo confronto consigo mesmo. E poderíamos acrescentar: não existe conhecimento de si mesmo sem conhecimento de Deus. O encontro consigo mesmo passa necessariamente pelo confronto com o divino.

Como filho de missionários, passei minha primeira infância na caatinga do sertão baiano, próximo à fronteira com o Piauí. Cresci brincando e correndo descalço pela terra seca e rachada pelo sol durante o dia, e, à noite, enquanto minha mãe, com uma agulha esterilizada, retirava os bichos-de-pé que eu tinha catado em minhas aventuras, ela me contava histórias da Bíblia. As figuras bíblicas vinham à vida em minha imaginação, onde elas se fundiam com as aventuras que eu vivia no sertão: eu via o povo de Israel em sua longa caminhada pelo deserto procurando água entre as pedras e rochas da Serra da Confusão, situada entre a cidade piauiense de Caracol e a cidade baiana de Campo Alegre de Lourdes; imaginava o Rei Davi se escondendo de seus inimigos numa caverna situada na margem oposta do lago que servia como reservatório de água durante os longos períodos de seca e onde as mulheres lavavam as roupas, socando-as sobre as pedras alisadas; na minha imaginação, os israelitas tinham os rostos sofridos dos nordestinos, queimados pelo sol e pelo sofrimento. À noite, deitado na cama, essas imagens se misturavam com as histórias que o povo contava ao redor das fogueiras, que faziam na frente de suas casas, porque a eletricidade ainda não tinha chegado àquela região e não havia televisão para distrair os pensamentos. Meus pesadelos eram povoados pelo bicho-papão, pela mula sem cabeça e pelas brigas de faca entre bêbados, cujas feridas acabavam precisando ser tratadas pela minha mãe, que era enfermeira e a única pessoa com alguma formação em medicina naquela cidade.

Também não havia escola. Até então, fé consistia para mim em histórias que se misturavam com outras histórias, que se misturavam com aquilo que eu vivenciava durante meus dias de liberdade, enquanto meu pai ajudava os homens na roça e minha mãe tratava dos doentes na sala da nossa casa. Aos 6 anos, porém, fui enviado para uma escola interna para filhos de missionários, em Belém do Pará, a 2 mil quilômetros de distância da casa dos meus pais.

Fui jogado num mundo de imagens diferentes. A terra ferida pela seca do sertão foi substituída por um céu que, todos os dias, trazia as nuvens escuras das tempestades tropicais e as descarregava sobre o complexo da escola, obrigando-nos a interromper nossas brincadeiras e nos refugiar nos dormitórios. Era um internato governado por um Deus que, quando violávamos alguma regra da instituição, nos colocava numa fila na porta do escritório do diretor da escola e, um após um, éramos chamados para dentro. As prateleiras, onde deveriam estar os livros do diretor, estavam cheias de pássaros e sapos que o diretor caçava nos arredores da escola e que, empalhados e com olhos de vidro, observavam sem piscar e sem mostrar nenhuma comoção quando nós, os meninos, entrávamos, baixávamos a calça e nos debruçávamos sobre o banquinho no centro do escritório para receber nosso castigo.

São imagens fortes para um Deus que exige perfeição de um menino imperfeito e pelo qual Ele tinha sacrificado seu Filho na cruz tantos anos atrás. Demorei mais de dez anos para romper com uma fé que punia meus erros, mas não recompensava meus acertos.

Em uma imaginação ativa recente, vi cidadezinhas mediterrâneas lindas, uma após a outra, algumas deitadas em torno de uma pequena baía, outras como que coladas em falésias altas, ainda outras em colinas suaves que se erguiam ao longo do mar. Casas pintadas de branco, janelas azuis, becos estreitos, calçadas de paralelepípedos. Cidades calmas, tranquilas, silenciosas. A princípio, fiquei encantado com sua beleza, mas quando a sequência de paisagens de cidades mediterrâneas à beira-mar não parava de aparecer, comecei a me perguntar: o que significava aquilo? Nada acontecia ali, por que eu estava vendo essas imagens?

Então lembrei-me de que, durante uma imaginação ativa, eu podia me inserir em suas imagens, e comecei a passear pelas ruas e pelos becos de uma das cidades. Demorei a perceber que a cidade estava vazia, completamente abandonada. Daí seu silêncio e sua beleza. Mas tanta beleza para quê, perguntei-me, se não havia vida capaz de apreciá-la?

Continuei andando pelas ruas sem vida até me deparar com a igreja no centro da cidade, mas quando entrei, ela também estava vazia. Não havia imagens, nem figuras de santos, nem quaisquer símbolos religiosos. O altar era uma simples mesa de mármore, nele não havia cruz, nem sequer um pingo de sangue do crucificado. Até os vitrais eram mero vidro transparente. A igreja era uma estrutura sem conteúdo. Saí da igreja profundamente conturbado.

Só então voltei minha atenção para o mar que banhava a pequena praia da cidade. Era um mar sem vida também, e entendi que a água tóxica do mar era o motivo da ausência de vida em todas aquelas cidades. Apenas um polvo solitário na praia se debatia com um peixe morto, uma luta sem sentido, sem propósito, sem fim.

A princípio, a imagem que mais me impressionou foi a do mar morto. Durante a imaginação ativa, eu sentia uma angústia profunda sempre que olhava para ele. O mar morto é uma visão apocalíptica, se o mar está morto, a morte do planeta inteiro não está longe. E tratando-se de uma imagem do inconsciente, o mar morto representava uma realidade psíquica, e eu não conseguia parar de me perguntar: que imensidão era essa que estava morta dentro de mim e ameaçava toda a minha existência?

Fui passar um fim de semana na praia e, certa manhã, olhando para aquela vastidão de água que, agora, me assustava, de repente, vi lá longe o esguicho de uma baleia. Depois outro, e mais um, um quarto, quinto, sexto. Não consigo imaginar uma manifestação de vida mais majestosa, mais poderosa, do que a presença de um baleal. Era como se minha alma estivesse me dizendo: o mar está vivo, você está entendendo tudo errado.

Voltei então para a minha imaginação ativa, lembrei-me das minhas caminhadas pelas ruas e pelos becos vazios da cidadezinha mediterrânea, e minha lembrança me conduziu de volta para a igreja em seu centro. Fiquei parado na frente dela, olhei para o campanário, para aquele espaço vazio na torre deixado pela ausência do sino.

A alma exige liberdade. Parafraseando um versículo do Evangelista João, a alma sopra onde e como quer. Essa liberdade precisa ser conquistada não só no nível mental através da desconstrução das crenças e convicções enraizadas desde a infância, não só no nível emocional através do confronto e da cura de traumas. A alma exige que sua liberdade seja reivindicada, conquistada e vivida também no mundo concreto.

Na manhã após o confronto com meu pai, encontrei minha mãe sozinha na cozinha, onde ela preparava o café da manhã. Ela olhou para mim, largou o que estava fazendo e, com lágrimas nos olhos, me disse: "Abraça-me".

O quarto conto:
Rosa-Mãe

A flor

É como se, às vezes, não bastasse designar a flor. "Flor" pode ser tantas flores: flor amarela, flor violeta, flor vermelha. "Flor" pode ser uma das flores no meu jardim, uma flor no Japão, uma flor que flutua no rio. "Flor" pode ser também uma filha, uma amante, pode ser branca, morena, negra.

Tento ser mais específico: digo "não-me-esqueças", "jasmim", "camélia". Mas então a primeira me lembra da despedida da minha irmã num país distante, a segunda me faz pensar nas pétalas no túmulo do faraó, e a última evoca imagens de Margarita na Paris do século XIX. Não são estas as flores das quais quero falar.

Tento ser mais concreto e aponto o dedo para a flor presa no teu cabelo acima da orelha. É desta flor que falo, mas não é da flor que quero te falar, é da sua cor que se destaca do teu cabelo preto, é do seu aroma que se mistura com o teu cheiro.

Então eu digo: "A flor é a cor do teu perfume".

A rosa e a roseira

É como se não bastasse falar da dor da garotinha que perdeu a mãe aos 7 anos de idade e carregou o desespero da perda da lembrança em seu peito por toda a sua vida. Muitas crianças perderam mãe ou pai ou pai e mãe e, certa noite, acordaram assustadas porque o pai ou a mãe tinham lhes falado num sonho com uma voz que não reconheciam mais.

A dor é sempre a mesma, mas o susto prende a respiração em peitos diferentes. Em alguns órfãos, é o soluço que ajuda a recuperar o fôlego. Outros se sentam na cama e arregalam os olhos na escuridão da noite e, de respiração ainda presa, tentam vislumbrar a lembrança da mãe debruçada sobre o filho. Ainda outros ficam deitados, de olhos fechados, controlam a respiração e, de ouvidos aguçados, acreditam ouvir os passos do pai no corredor.

"Mas a dor é sempre a mesma", repito.

Meu pai objeta com um leve balanço da cabeça. "Não conheço dor igual à da sua mãe, filho. Não importavam os sonhos da noite, não conheço ninguém que, de manhã, se levantava igual a ela. Ela era uma rosa que, ainda botão, foi cortada da roseira e, mesmo assim, estava determinada a florescer."

O jardim

No final do verão de 1920, enquanto aproveitava um feriado na Côte-d'Azur com seu amante, o Grão-duque Dimtri Pavlovich, Coco Chanel conheceu o perfumista Ernest Beaux. Há muito Coco Chanel sonhava em criar um perfume sofisticado capaz de acariciar e aliciar as narinas dos senhores que se aproximassem dessa mulher que transitava soberanamente entre suas existências de dama e cortesã. Ernest Beaux aceitou o desafio, trancou-se em seu laboratório e, quando dele emergiu, apresentou a Coco Chanel dez amostras. Ela escolheu a número cinco.

Lembro-me de que, desde criança, quando o aniversário da mamãe se aproximava e eu a perguntava o que ela desejava receber como presente, ela – ciente do preço proibitivo de seu anseio – respondia: "Um pequeno frasco de Chanel Nº 5". Meu pai lhe negava seu querer, pois, ciente da história da Mademoiselle Chanel, alegava ser um homem de respeito. Na verdade, escondia por trás de sua nobreza de caráter a vergonha de ser um homem de recursos humildes.

Mais tarde, quando eu me vi na posição de gerente de um grande banco e novamente se aproximou o aniversário da mamãe, passei, às escondidas, o dinheiro para meu pai, para que ele comprasse o que ela tanto queria. Nunca vi mamãe mais feliz.

Eu não gostava muito do cheiro daquele perfume. Meu olfato inculto reconhecia nada de sofisticado naquele aroma que espalhava no ar o cheiro de sabão. Eu imaginava que aquele aroma lembrava mamãe de sua primeira infância, pois era assim que eu vislumbrava a minha vó: uma mulher limpa.

Foi só bem mais tarde, quando uma das minhas amantes me introduziu ao delicado mundo das fragrâncias, que, após borrifar um pouco de Chanel Nº 5 em seu punho e, com uma expressão de felicidade e expectativa no rosto, o aproximou do meu nariz, percebi a rosa, jasmim, sândalo, ilangue-ilangue, íris, lírio-do-vale, lírio florentino, bergamota e limão.

E foi aí que entendi: minha mãe tanto amava o Chanel Nº 5 porque ela sonhava em ser jardim.

O botão

Aos 15 anos de idade, apaixonei-me pela Cecília. Namoramos. Então a Cecília conheceu o Lúcio e terminou comigo. Fui confessar-me e, com orgulho ferido, disse ao padre, tentando manter uma postura de adulto: "Vivi meu primeiro amor". O padre me repreendeu e instruiu: "Viveste tua primeira paixão. A paixão é como o botão de uma rosa. É preciso esperá-la desabrochar para viver a beleza do amor. Se tu, com tuas unhas ainda sujas de molequice, abrires à força as pétalas ainda fechadas do botão, tudo que verás será uma rosa prematura, estranhamente falsa, fadada a morrer. O que fizeste com a Cecília?"

Corri até a floricultura, roubei o botão de uma rosa, abri suas pétalas atrás da igreja e entendi.

Quando meu pai conheceu minha mãe, ele não dormiu naquela noite. No dia seguinte, escreveu-lhe uma carta, pedindo-a em casamento. Com seus calejados dedos de carpinteiro, tentou descascar as pétalas de um botão que sonhava em ser flor. Mamãe demorou a responder.

O carpinteiro e a rosa

A rosa não é flor para si mesma. Ela não sabe de sua beleza tão óbvia para os outros. A rosa só sabe de seu destino, que é florescer.

O carpinteiro, embora impaciente, teve a sabedoria de levá-la para uma terra tão hostil às rosas que quase a matou, mas ele sabia que, lá, a beleza da sua rosa seria milagre.

E mamãe lutou, e sobreviveu, e suas pétalas se abriram. E enquanto meu pai continuava a calejar suas mãos construindo casas para quem não tinha teto, mamãe recebia os doentes e os tratava fingindo ser enfermeira, quando, na verdade, era flor.

E os doentes vinham, fingindo precisar de remédios, quando, na verdade, só queriam testemunhar o impossível: a rosa no deserto.

Hoje existe naquela cidade um posto de saúde com o nome da minha mãe.

Alguns anos atrás, quando mostrei a foto do posto de saúde aos meus pais, vi orgulho nos olhos do velho carpinteiro, mas nos olhos da rosa já murcha só vi a lembrança da dor. E foi aí que comecei a me perguntar se o remédio que tinha curado aquele povo sofrido realmente tinha sido a beleza da minha mãe ou se não tinha sido a dor que ela carregava em seu peito que lhe permitia reconhecer a dor que fazia aquele povo sofrer.

A rosa não foi flor para si mesma. Ela não sabia de sua beleza tão óbvia para os outros. A rosa só sabia da dor que a fez florescer.

A rosa-roseira

O que é milagre para uns é mera sobrevivência para outros: A rosa tentava sobreviver no deserto, enquanto os outros vinham admirá-la. Mas mesmo na luta da vida, que é uma eterna busca pela energia necessária para desabrochar, acontecem verdadeiros milagres, milagres que podem parecer o curso natural da vida para uns, mas que são alegrias inesperadas para outros. O milagre na vida da rosa aconteceu quando, certo dia, apareceu o pequeno botão de uma outra rosa em seu caule.

Foram os anos mais felizes da vida da minha mãe. Enquanto as pessoas vinham buscar alívio e refresco em sua presença, ela voltava toda a sua atenção e energia para nutrir aquele botãozinho que crescia dela. Era essa a cura da sua dor? Cortada da roseira, a rosa tinha encontrado a única resposta capaz de aliviar a dor da sua calamidade: a rosa tinha se tornado roseira.

Minha mãe decidiu ignorar a lei do eterno retorno, que diz que o que aconteceu acontecerá novamente. Decidiu ela fingir-se de surda ao vento que sopra entre as pétalas e sussurra dizendo que rosas precisam ser cortadas, colhidas, separadas e levadas da roseira?

Aos 6 anos de idade fui enviado para uma escola interna, sofri a dor que minha mãe tinha sofrido aos seus 7 anos, e a minha mãe sofreu a dor que a mãe dela tinha sofrido tantos anos atrás quando morreu.

Repetimos, cada um ao seu modo, a respectiva dor dos nossos antepassados.

A rosa, ainda botão, havia sido cortada da roseira; a rosa, já roseira, viu cortado dela o seu botão. Foi o dia em que a rosa começou a murchar.

O botãozinho

O botão, quando separado da roseira, é cortado de sua raiz, que o alimentava. O que resta do caule preso ao botão sangra. A seiva, o suco da vida, escorre. Para impedir a perda daquilo que lhe resta, o caule segura a seiva, a ferida do corte cicatriza. E então o botão passa a viver da seiva agora represada no caule e da lembrança da seiva que recebeu em sua curta vida.

O botão floresce, é claro, pois tem a determinação da roseira que lhe ensinou a ser rosa. O botão floresce, é claro, pois ser rosa é seu destino no mundo. Mas a cicatriz preserva a lembrança do botãozinho separado da roseira. A dor da ferida, apesar de cicatrizada, permanece. Por fora, o botão se abre, por dentro, a lembrança gangrena.

A rosa murcha

Carreguei comigo a dor por uma vida inteira. Por uma vida inteira, busquei cura na beleza de outras flores, em mulheres que cheiravam a jasmim, sândalo, ilangue-ilangue, íris, lírio-do-vale, lírio florentino, bergamota e limão.

Guardo no armário do meu banheiro um pequeno frasco de Chanel Nº 5. De vez em quando, eu o abro e inalo seu perfume. E o único aroma que percebo é o da rosa.

E então alcança-me a notícia da enfermidade da minha mãe. Corro para casa. Meu pai não sabe o que fazer com a rosa murcha em suas velhas mãos de carpinteiro. Minha mãe olha para mim. "Abraça-me", ela diz. Com delicadeza eu a retiro das mãos do meu pai, que se agarra a ela. Eu a seguro em meus braços.

Eu gostaria de dizer que, naquele momento, o botão voltou a se unir à roseira. Mas cicatrizes são tecido morto, lembrança do que foi.

Nosso abraço foi despedida. "Eu queria ser jardim", ela fala, baixinho, em meu ouvido.

O jardim da mãe

Plantei em meu jardim jasmim, sândalo, ilangue-ilangue, íris, lírio-do-vale, lírio florentino, bergamota e limão, e depois plantei também amarílis, magnólia, azaleia, gardênia, cravo e lavanda.

E espalhei entre eles as lembranças da minha mãe.

5

O ZUMBIDO DO BEIJA-FLOR
O MERGULHO NO SILÊNCIO

O silêncio parece estar atrelado à distância. Quanto mais distante um objeto, mais silencioso ele nos parece. Sabemos das implosões e explosões violentas que ocorrem no espaço pelo qual voa nosso pequeno planeta, mas quando olhamos para o céu estrelado somos tomados por um sentimento de maravilha e reverência: calamo-nos diante da majestade dos astros mergulhados no aparente silêncio de um éter infinitamente vasto e vazio.

Vista da lua, a terra se apresenta como uma minúscula bola azul e pacífica. O silêncio absoluto da superfície da lua se estende e vence os quase 400 mil quilômetros que separam os dois corpos do sistema solar e se deita como um manto sobre a Terra. Nada sabe o gélido satélite dos sons por vezes insuportáveis que o planeta-mãe produz.

E no próprio Planeta Terra: o mar, visto de longe, se apresenta igual a um mar de silêncio; quando sobrevoadas, as copas das árvores da selva escondem o tumulto floral e animal que agita suas entranhas; da cidade, cujos prédios se erguem no horizonte, não se ouvem nem a música nem os tiros; nem as risadas e gargalhadas; nem as brigas; nem o barulho ensurdecedor das construções; nem os passos descalços sobre o piso de barro batido numa casa das antigas.

Tratamos distância e silêncio como sinônimos: viajamos para lugares distantes para fugir do barulho do dia a dia. No relacionamento, quando um se cala, o outro o percebe distante.

E proximidade equivale a barulho. Quando o astronauta retorna de sua viagem ao silêncio, é o barulho estremecedor que o informa que a nave reingressou na atmosfera e que o fim de sua viagem está próximo; na praia, o estrondo das ondas engole os gritos dos banhistas; sob as copas, uma sinfonia de vida e morte: papagaios taramelam, galhos quebram, cigarras cantam, e a onça respira enquanto – imóvel – aguarda sua presa.

Quanto mais próximas as coisas, maior o barulho que produzem.

Talvez você ainda não tenha se dado conta, porque é tão fácil acostumar-se com o barulho: o barulho mais ensurdecedor é o barulho dos nossos pensamentos. Na verdade, nós nos acostumamos tanto com o barulho na nossa cabeça que não conseguimos mais viver sem ele.

Peter Kingsley escreve:

> O que não está ali, bem na frente dos nossos olhos, costuma ser mais real do que aquilo que está. Podemos ver isso em todos os níveis da existência. Mesmo quando finalmente estamos onde queremos estar – com a pessoa que amamos, com as coisas pelas quais lutamos – nossos olhos continuam voltados para o horizonte. Eles continuam voltados para onde queremos ir em seguida, para o que queremos fazer em seguida, para o que queremos que a pessoa que amamos faça e seja. [...] O que falta é mais poderoso do que aquilo que está bem na frente dos nossos olhos. Todos nós sabemos disso. O único problema é que é difícil demais suportar essa falta, por isso, em nosso desespero, inventamos coisas que queremos e conseguimos obter. Todas elas são apenas substitutos temporários. O mundo nos enche com substituto após substituto e tenta nos convencer de que nada está faltando. Mas nada tem o poder de preencher o vazio que sentimos por dentro, por isso somos obrigados a substituir e modificar as coisas que inventamos enquanto nosso vazio lança sua sombra sobre nossa vida (Kingsley, 1999, p. 33-34)[4].

---

4. [Tradução minha.] Texto original: "What isn't there, in front of our eyes, is usually more real than what is. We can see that at every level of existence. Even when we're finally where we want to be-with the person we love, with the things we struggled for-our eyes are still on the horizon. They're still on where to go next, what to do next, what we want the person we love to do and be. [...] What's missing is more powerful than what's there, in front of our eyes. We all know that. The only trouble is that the missingness is too hard to bear, so we invent things to miss in our desperation. They are all only temporary substitutes. The world fills us with substitute after substitute and tries to convince us that nothing is missing. But nothing has the power to fill the hollowness we feel inside, so we have to keep replacing and modifying the things we invent as our emptiness throws its shadow over our life".

Poucos anos antes da irrupção da Segunda Guerra Mundial, após uma briga feia com sua esposa, Joseph Ruston largou a mulher e a filha de 6 anos na Bélgica e se mudou para a Inglaterra, onde se uniu ao movimento fascista britânico. Mãe e filha abandonadas passaram a guerra na Holanda, onde sobreviveram à ocupação nazista, a ataques aéreos e à fome severa.

Depois da guerra, a filha sonhou em ser bailarina, mas foi rejeitada por causa das sequelas físicas da guerra, mesmo assim ela continuou lutando e tornou-se uma das últimas deusas de Hollywood.

Por mais profundas que tenham sido as marcas físicas e emocionais deixadas na menina pelas privações da guerra, o trauma que – como confessou em várias entrevistas ao longo da vida – nunca conseguiu superar foi o rombo que o abandono pelo pai abriu no peito dela.

Na década de 1960, a garota abandonada, agora mulher, foi à procura do pai. Existe uma foto do encontro. Ela mostra a filha alegre, mas não feliz. O pai, sério, como que ausente, uma figura que parece estar ali apenas por acaso.

O encontro entre a filha e o pai não foi um reencontro. Ao vê-la, o pai não se aproximou dela. Permaneceu imóvel, distante. Ela não reconheceu nele o pai que a abandonou quando ela ainda era criança. Naquele momento, talvez a atriz Audrey Hepburn tenha percebido que o buraco no peito não tem a forma daquilo que, supostamente, o causou.

Peter Kingsley comenta:

Você pode ver isso também em pessoas que nunca conheceram seu pai. O pai desconhecido lança um feitiço sobre toda a sua existência e alcança até o canto mais remoto de sua vida. Elas sempre estão prestes a encontrá-lo na forma de algo ou de alguém. Mas nunca o encontram.

E você pode ver o mesmo em pessoas que amam Deus ou o divino – que sentem falta de algo que nem mesmo existe para mais ninguém. No que diz respeito a pessoas que querem isso ou aquilo, sempre existe o risco de seu desejo ser satisfeito. Mas quando você quer o que é muito maior do que você mesmo, a chance de finalmente ser satisfeito nunca existe. No entanto, algo muito estranho acontece. Quando você quer aquilo e se recusa a se contentar com qualquer outra coisa, ele chega até você. Pessoas que amam o divino andam por aí com um buraco no peito, e dentro do buraco está o universo (Kingsley, 1999, p. 34)[5].

Andei por aí com um buraco no peito por cinco décadas, tentei preencher esse buraco aventurando-me por religiões e sistemas de crenças que me prometiam respostas, mas essas respostas caíam no vazio no meu peito e sequer produziam

---

5. [Tradução minha.] Texto original: "You can see the same thing with people who never knew their father. The unknown father casts an enchanted spell across the whole of their existence, touching every corner. They're always just about to find him in the form of something or someone. They never do. And you can see it with people who love the divine, or God-who miss what doesn't even exist for anyone else. With people who want this or that, there's always the risk that their wanting will be fulfilled. But when you want what's so much greater than yourself there's never a chance of being finally fulfilled. And yet something very strange happens. When you want that and refuse to settle for anything else, it comes to you. People who love the divine go around with holes in their hearts, and inside the hole is the universe".

um eco. Durante a tradução dos *Livros Negros* vislumbrei o universo que existia no peito de outra pessoa e renasceu em mim a esperança de encontrar aquilo que eu tanto desejava e do qual já tinha desistido.

Pratico imaginação ativa desde 2021. O maior desafio que enfrentei e continuo a enfrentar não é entender as imagens por vezes difíceis e dolorosas que meu inconsciente revela – para isso conto com a ajuda do meu analista –, mas vencer a barreira do consciente, acalmar, como Jung dizia, os "espasmos do consciente", que forçam, violam e subjugam a fantasia e impedem que ela seja um produto legítimo e autêntico da mente inconsciente.

Como acalmar a mente, suspender a censura e a interferência do consciente, como encontrar e entrar no silêncio? E que silêncio é esse em que preciso entrar para poder acessar o inconsciente, o submundo, o mundo dos mortos?

A prática da incubação, que ocupa um lugar tão central no livro de Kingsley, era isso: ficar em silêncio. Os gregos antigos comparavam a incubação com o animal que se deita na toca e lá permanece em completa imobilidade. É uma imagem que me fascina. O animal se deita e para de se mexer. Movimento é interação com o mundo. Quando o animal deixa de se movimentar, ele deixa de interagir com o mundo. Para isso, ele precisa de um lugar em que se sabe protegido de ameaças externas. Por isso, ele procura a toca, a caverna. Só ali ele pode se dar ao luxo de esquecer o mundo, de cair em silêncio e em completa imobilidade.

O silêncio é algo que não praticamos mais com frequência. Ao contrário, passamos nossos dias tentando preencher cada momento com alguma atividade que nos ocupe. Trabalhamos, nos divertimos, nos distraímos. E quando, em algum momento, nos vemos desocupados, transferimos nossa atividade para a mente. Ocupamo-nos com pensamentos para não termos que ficar em silêncio.

A prática da incubação e algumas práticas de meditação usam a imobilidade do corpo para impor imobilidade também à mente. Quando o corpo se deita, a mente entra em atividade. Em noites em que não conseguimos dormir, podemos observar como isso acontece. A mente não para, não se acalma. Em momentos assim, eu costumo levantar e fazer qualquer coisa para interromper a sequência incessante de pensamentos e substituí-la por alguma atividade física. Mas, na incubação, o paciente insiste na imobilidade física e então, em algum momento, a mente também para de se mexer.

Para os gregos, cair em silêncio significava morrer. No silêncio, algumas das funções e faculdades que nos mantêm vivos são suspensas. No silêncio, deixamos de perceber o mundo que nos cerca e assim deixamos de fazer parte dele. Deixamos de interagir com ele e de nos inserir nele. No silêncio, deixamos de recorrer à lógica e ao raciocínio que nos permitem sobreviver no mundo regido pela lógica. No silêncio, a necessidade de sobreviver e viver é suspensa.

E observamos também outro aspecto: o próprio silêncio não suporta que continuemos alimentando a atividade mental com nossas ansiedades, angústias, expectativas e medos. Quem, por exemplo, já foi atormentado por alguma ansiedade relacionada a um possível evento futuro enquanto tentava dormir sabe como a mente entra em parafuso, como a lógica tão necessária na vida desperta fica dando voltas e voltas, entrando finalmente numa espiral de ansiedade que se intensifica cada vez mais. É como se o silêncio quisesse nos mostrar que, nele, não há lugar para raciocínio nem lógica e que, se insistirmos, nos depararemos com o absurdo dessa nossa lógica. Só se conseguirmos silenciar corpo e mente, conseguiremos também morrer.

Tenho refletido muito sobre o silêncio como porta de entrada para o submundo, para o mundo dos mortos. Falar em morte assusta, porque nós nos esquecemos de que, como diz Kingsley,

> O submundo não é apenas um lugar de escuridão e morte. Só parece ser assim quando visto de longe. Na verdade, é o lugar supremo do paradoxo em que todos os opostos se encontram. Bem na raiz da mitologia ocidental e oriental existe a ideia de que o sol sai do submundo e volta para o submundo a cada noite. Ele pertence ao submundo. É onde está seu lar, é de onde vêm seus filhos. A fonte da luz tem seu lar na escuridão. [...]
>
> É impossível alcançar a luz rejeitando a escuridão. A escuridão nos assombra; somos perseguidos por nossas profundezas. Mas o conhecimento desse caminho permaneceu apenas em alguns hereges, autores de oráculos e alquimistas.

Nesse conhecimento não há dogma. Ele é sutil demais para isso. Não é nem mesmo uma questão de atitude, mas simplesmente uma questão de percepção – da percepção de que a luz pertence à escuridão; a clareza, à obscuridade, de que a escuridão não pode ser rejeitada em prol da luz, pois tudo contém seu oposto (Kingsley, 1999, p. 68-70)[6].

O lugar da morte é um lugar em que só podemos sobreviver se soubermos adotar outro modo de percepção, em que precisamos renunciar à lógica e aos métodos de sobrevivência no mundo dos vivos. No mundo dos vivos, uma coisa é isso ou aquilo, é ou não é, dói ou conforta, mata ou deixa viver.

No mundo dos mortos, tudo se encontra e coexiste.

Para nós, a morte parece ser o nada, onde temos que deixar tudo para trás. Mas é também uma plenitude que dificilmente conseguimos imaginar, onde tudo está em contato com tudo e nada se perde. No en-

---

6. [Tradução minha.] Texto original: "The underworld isn't just a place of darkness and death. It only seems like that from a distance. In reality it's the supreme place of paradox where all the opposites meet. Right at the roots of western as well as eastern mythology there's the idea that the sun comes out of the underworld and goes back to the underworld every night. It belongs in the underworld. That's where it has its home; where its children come from. The source of light is at home in the darkness. [...] It's impossible to reach the light at the cost of rejecting darkness. The darkness haunts us; we're chased by our own depths. But the knowledge of the other way was left only for a few heretics, and writers of oracles, and for the alchemists. In that knowledge there's no dogma. It's too subtle for that. It's not even a matter of attitude but simply a question of perception-the perception that light belongs in darkness, clarity in obscurity, that darkness can't be rejected for the sake of light because everything contains its opposite".

tanto, a fim de saber isso, você precisa ser capaz de se tornar consciente no mundo dos mortos (Kingsley, 1999, p. 76)[7].

A morte, um lugar de plenitude? Kingsley não está falando do paraíso que, como nos promete a religião, nos espera após a morte. Ele está falando do submundo, do mundo dos mortos, de um lugar onde não há só luz, mas também escuridão, do lugar que tanto Dia como Noite chamam de seu lar.

Penso na morte, e sinto o buraco no meu peito e o anseio enlouquecedor de preenchê-lo. Fujo da morte, mas, em vez de preencher o vazio dentro de mim, minha fuga só me afasta dele.

E talvez o segredo da cura seja justamente este: o que nos adoece é o esquecimento da existência de um mundo em que viver significa morrer, em que morrer significa viver. No mundo dos vivos, tentamos curar a ferida. No mundo dos mortos, a ferida é a cura.

O submundo, o mundo dos mortos, essa experiência de morrer ainda vivo, esse modo de percepção em que os opostos se encontram e coexistem – este é o universo que encontramos no buraco dentro do nosso peito. E esse é um universo onde não há tempo nem espaço, onde as nossas leis da vida consciente não se aplicam, onde precisamos aprender a falar outra língua.

---

7. [Tradução minha.] Texto original: "Death for us seems just nothingness, where we have to leave everything behind. But it's also a fullness that can hardly be conceived of, where everything is in contact with everything and nothing is ever lost. And yet to know that, you have to be able to become conscious in the world of the dead".

Apolo era um deus da cura, mas ele também era fatal. A rainha do submundo era a representação da morte; no entanto, dizia-se que o toque de sua mão era curador. Como opostos de si mesmos, eles trocavam de papel um com o outro e consigo mesmos.

O deus da cura que mata; a deusa da morte que cura. A escuridão que se revela na luz; a luz que resplandece na escuridão. No mundo dos vivos, no mundo da consciência, vivenciamos um aspecto ou o outro num evento concreto. Ou experimentamos cura ou morremos, e atribuímos morte ou cura ou a Apolo ou à deusa do submundo. O sol nasce de manhã, mas só morre ao anoitecer, após um longo dia de vida. Ele não nasce e morre no mesmo instante.

Se tentamos entender esse mistério do sol e da escuridão, da morte e da vida, do dia e da noite com base em nossa consciência desperta, a loucura não demora a se aproximar. É um mistério que só conseguimos entender se renunciarmos à lógica dos vivos, nos deitarmos, ficarmos imóveis e acessarmos outro nível de consciência.

Como entramos nesse outro nível de consciência em que a nossa percepção muda?

Segundo Kingsley, é a repetição de determinadas palavras em encantações e ritos de iniciação que nos conduz pela estrada para o submundo. Os sacerdotes que trabalhavam nos centros de incubação entoavam encantações que, por meio da repetição, tomavam o incubado pela mão e o conduziam pela estrada até as portas do mundo dos mortos. As palavras dos curadores gregos evocavam aquilo que cantavam ou recitavam. Suas palavras eram idênticas àquilo que diziam, elas criavam, no sentido mais restrito da palavra, a própria jornada para o mundo dos mortos.

No mundo do inconsciente, nesse mundo submerso, uma imagem é o que ela representa. Não existe diferença entre a imagem que o sonho nos mostra e o que vivenciamos enquanto sonhamos. Quando sonhamos vivenciamos aquilo que sonhamos como absolutamente real. Raramente nos damos conta de que aquilo não é real, de que estamos "apenas" sonhando – por mais absurdo ou paradoxal que seja o mundo em que o sonho nos lança. A lei que rege o mundo das imagens e dos símbolos não é a lógica da consciência, é a dinâmica das imagens, é o diálogo que as imagens travam entre si.

E aqui, é inconcebível que a luz não tenha sua origem na escuridão; aqui, Dia e Noite passam pelo mesmo portão quando iniciam sua jornada pelo mundo da consciência. Aqui, morte e vida são inseparáveis e, aqui, quem deseja cura precisa morrer.

O silêncio que os gregos da Antiguidade buscavam não era sinônimo da distância. O silêncio que Peter Kingsley descreve os lugares sombrios da sabedoria é o silêncio que encontramos quando nos aproximamos tanto do barulho que passamos para o outro lado dele, deixando tudo para trás: nosso jeito de pensar, nosso jeito de ver o mundo, nosso jeito de interpretar a vida e suas vivências, por vezes belas, por vezes traumáticas; onde, finalmente, nos deparamos com o vazio, do qual tentamos fugir durante toda uma vida.

Quando os gregos se deitavam na caverna, quando permaneciam totalmente imóveis, rompiam a barreira do barulho de seus pensamentos e caíam em silêncio, eles descobriam que o silêncio – faz barulho.

O som que os gregos ouviam, era o sibilo da cobra, que se reproduzia no barulho dos eixos da carruagem, que se confundia com o som produzido pelas dobradiças dos portões do submundo, que lembrava o som que o sol emite enquanto percorre seu trajeto pelo céu, que, por sua vez, é o som da criação do universo, que é emitido pelos lábios do sacerdote que assobia ao entrar na cidade para curá-la e que assusta a população porque lembra o sibilo da cobra.

O som produzido pelo silêncio parece ser simbolizado por diferentes animais em diferentes culturas. Casper, um amigo meu que vive num vale remoto dos Alpes suíços, é apicultor, e ele conta que, quando abre as colmeias e o enxame de abelhas levanta voo e o envolve, é como se ele entrasse no silêncio.

E contavam os maias que os deuses criaram o mundo e tudo que nele existe, formando os animais a partir de uma massa de barro e milho. A cada animal davam uma tarefa específica na Terra. Após criarem todos os animais, os deuses se deram conta de que tinham se esquecido de criar um animal capaz de cumprir uma das missões mais importantes: um mensageiro que estabelecesse e garantisse a comunicação entre o mundo dos deuses e o mundo dos vivos.

No entanto, quando se deram conta desse lapso, já não havia mais barro nem milho para dar forma a esse animal. Tudo que lhes restava era uma pedra de jade. Os deuses pegaram então essa pedra cintilante e esculpiram a ponta de uma flecha. Quando estava pronta, sopraram sobre ela, e a flecha saiu voando pelos céus, transformando-se num beija-flor.

Não tente decifrar a mensagem dos deuses que o zumbido do beija-flor lhe traz, não tente entender o que as abelhas lhe dizem quando você mergulha em seu enxame, não tente decodificar o sibilo da cobra que cruza seu caminho na mata. Apenas se cale; cale-se – e ouça.

O quinto conto:
Pai Girassol

Das trevas para a luz

Certa manhã, Clitia, ninfa das águas que, com sua beleza, enlouquecia os sátiros, emergiu das águas profundas, sentou-se à margem do rio e seus longos cabelos feitos de muitas gotas d'água caíram sobre suas costas. De repente, sentiu algo tocando seu ombro e, quando se virou para ver quem a acariciava com tanto calor e ousadia, viu que eram os raios do deus Sol. Confundindo o calor natural de Apolo com um carinho pessoal, apaixonou-se então a ninfa pelo deus.

Mas Apolo amava outra. Rejeitada, Clitia começou a definhar. Sentada no chão frio junto ao rio, desatou suas tranças e ali ficou, sem comer, sem beber, alimentando-se apenas de suas lágrimas e esperando que seu deus viesse acariciá-la novamente. Apolo, porém, escondeu-se atrás das nuvens.

Depois de nove dias sob o céu nebuloso, as lágrimas de Clitia se transformaram no orvalho que, desde então, refresca as flores. E Clitia continuou a definhar.

Então, os deuses, apiedados, se perguntaram:

"Que faremos agora com a inconsolável ninfa Clitia?"

E um deles respondeu: "Faremos dela uma flor que segue os passos de Apolo".

E os deuses a transformaram numa flor que, até hoje, gira em torno de si mesma seguindo os raios do Sol.

Quando você emerge da escuridão e do gelo das profundezas, é fácil apaixonar-se pela luz. Quando, no final da Segunda Guerra Mundial, meu pai emergiu dos abrigos antiaéreos sombrios e gélidos e viu a luz, ele olhou para Apolo, o deus da luz da verdade, e decidiu ser flor do sol.

Flor-sol do sol

Nas línguas germânicas, a flor cujas pétalas imitam os raios que irradiam do núcleo do sol, se chama flor-sol ou flor do sol. Ou seu nome afirma que a própria flor é um sol ou alega que pertence ao sol. Um campo de flores amarelas voltadas para o nascer do sol sugere que cada uma dessas flores recebe seu brilho do sol e que, sem ele, a flor não seria flor. E os girassóis parecem saber disso, pois aquele mar de flores amarelas passam a impressão de uma congregação de adoradores devotos a Apolo, que, em troca de sua devoção, lhes empresta um pouco de seu brilho e de sua beleza, transformando cada uma delas num pequeno sol. Cada flor do sol é, ao mesmo tempo, uma flor-sol.

Acredito que, para meu pai, essa sutil ambiguidade linguística não importava. Como todo seguidor verdadeiro de um deus, quando decidiu segui-lo, ele entregou sua vida a ele e passou a ser filho de Apolo. Ao mesmo tempo, como todo seguidor verdadeiro do deus, meu pai tentaria ser reflexo, mesmo que fraco, desse deus.

Meu pai seria flor-sol e flor do sol, flor-sol do sol.

E como todo seguidor verdadeiro do deus, meu pai quis, a cada momento, viver na presença de seu deus. Por isso, num dia enublado, despediu-se de sua terra com seus tantos vales que represam as nuvens que encobrem o sol e viajou para uma terra em que o sol brilha desde o amanhecer até o anoitecer sem que nada ofusque seu brilho.

Mal sabia ele que, ao seguir o brilho de Apolo, ele estava confirmando o que as línguas latinas dizem da flor-sol do sol: ela gira com o sol para jamais perdê-lo de vista.

Mas, como eu já disse, meu pai pouco ligava para sutilezas linguísticas. Ele tinha visto a luz da verdade, e a verdade era clara como o sol.

O girassol

O girassol acompanha o percurso do Sol por toda a extensão do firmamento desde o amanhecer até o anoitecer. Ele vê o Sol nascer e vê o Sol morrer. O girassol segue os passos do Sol desde o Oriente até o Ocidente, ele se encanta com a luz do nascimento e se entristece com sua morte, mas, na manhã seguinte, ele já o aguarda, novamente voltado para o Oriente, esperando vê-lo renascer.

O brilho e a ousadia de Apolo que se refletiam em meu pai eram contagiantes. Enquanto ele, desarmado, separava homens embriagados que se atacavam com longas facas, combatia o fogo que ameaçava consumir toda a colheita de milho na roça de um camponês ou dirigia o jipe para a cidade mais próxima, enquanto minha mãe ajudava uma mulher a parir seu filho na caçamba do carro, eu explorava os lugares sombrios do mundo, guiado pelo brilho que irradiava do meu cabelo amarelo.

Meu pai era glorioso quando enfrentava o perigo e a morte. Entendi desde cedo que a luz de Apolo que se refletia nele reluzia mais na escuridão.

Talvez me fascinassem por isso os buracos que se abriam na terra: os poços cavados pelas pessoas em busca d'água nessa terra árida, os buracos escavados pelo tatu em sua tentativa de fugir dos cães dos caçadores. Uma vez escapei de casa na mula de um visitante que tinha vindo falar com meu pai. E a mula me levou até uma caverna. Na entrada da caverna havia a estátua de uma linda mulher, mas quando quis entrar, uma velha perguntou se eu havia trazido o mel.

"Sem mel, ninguém passa pela rainha da morte", disse a velha.

Voltei para casa e pedi mel à minha mãe. Quando lhe expliquei o motivo do meu pedido, ela chamou meu pai.

"Somos adoradores de Apolo, deus da luz e da verdade, não da escuridão e da sombra. Não entramos em cavernas", explicou meu pai.

O último giro do girassol

Cinquenta anos mais tarde, enquanto o pai cochila na sala, minha mãe me chama para a cozinha e, em voz baixa, me diz: "Filho, não seja duro com seu pai. Muitos anos atrás, você ainda morava conosco, eu acordei no meio da noite e vi seu pai se debatendo na cama, não conseguindo respirar. A luz fria da lua banhava nosso quarto, e vi os olhos arregalados do seu pai. Mas ele não me via. Ele não estava ali comigo. Estava em outro lugar. Com as mãos ele tentava se libertar do ser invisível que tentava sufocá-lo. Na manhã seguinte, ele me contou que Perséfone havia enviado seus demônios para buscá-lo. 'Mas eu sou filho de Apolo', ele disse. Tentei explicar-lhe que Perséfone, a deusa das cavernas nas quais residem os mortos, e Apolo, o deus da luz, são irmãos, mas ele não quis me ouvir".

Pouco tempo depois, meus pais deixaram a terra árida rasgada pelo sol e se mudaram para os trópicos, onde, toda tarde, pesadas nuvens encobrem o sol e onde Apolo busca a companhia de sua irmã sem que ninguém o veja morrer.

Minha mãe olha para mim, implora: "Agora, o que seu pai necessita não é a verdade, ele precisa do seu amor".

Naquele dia, eu e minha esposa saímos tarde para caminhar. Apolo já tinha percorrido grande parte de seu trajeto e, cansado, já caía. Passamos pelo campo de girassóis, e eu disse à minha mulher:

"Estranho, hoje os girassóis não seguiram o percurso do sol. Continuam todos voltados para o Leste, onde o sol nasceu".

Foi só mais tarde que descobri que o girassol segue o percurso do sol apenas na juventude. Então seu caule próximo à flor enrijece. É como se a flor se cansasse de assistir à morte diária de seu deus e decidisse testemunhar apenas seu glorioso retorno ao amanhecer.

O girassol errante

Ao olhar para o mar de girassóis voltados para o nascer do sol, é fácil ignorar aqueles poucos girassóis que se encantaram com a beleza do pôr do sol e, ainda sob o feitiço da descida de

Apolo ao submundo, permaneceram imóveis durante a noite e enrijeceram voltados para o Ocidente.

Filho de uma família de banqueiros holandeses, Vincent van Gogh poderia ter levado uma vida à luz do sol. Mas ele era atraído pelos quartos sombrios dos bordéis, pela vida às margens obscuras da sociedade e pela escuridão que carregava em seu peito.

Embora tentasse convencer seu irmão banqueiro Theo van Gogh que ele buscava ser um pintor reconhecido e bem-sucedido, ele fazia de tudo para permanecer nas trevas da anonimidade. É uma miserável ironia da vida que o motivo de seus repetidos fracassos era justamente seu anseio por um pouquinho de luz.

Em 1933, Vincent van Gogh conhece o já famoso Paul Gauguin e o convence a se mudar com ele para a pequena cidade de Arles no sul da França. O sonho de Van Gogh é fundar uma comunidade de artistas. Paul Gauguin só aceita o convite porque não dispõe dos recursos financeiros para custear sua vida em Paris. Van Gogh volta para sua casa de quatro quartos na cidade de Arles. Enquanto espera a chegada de Gauguin, ele pinta e enche o quarto reservado para seu amigo com quadros de girassóis.

A convivência entre o ensolarado Gauguin e o sombrio Van Gogh não é fácil. Gauguin, achando-se superior, pretende ser o mestre que traz a luz da verdade para seu pupilo. Van Gogh sonha em viver à luz de Gauguin, mas sem deixar de ser noturno. Os dois brigam, discutem, bebem, procuram as prostitutas de Arles, bebem, discutem, brigam por uma prostituta.

Mais tarde naquela mesma noite, Van Gogh volta para o bordel e entrega à prostituta sua orelha esquerda decepada enrolada num lenço, volta para casa e dorme. Gauguin já está a caminho de Paris. Os dois nunca mais voltam a se ver.

Van Gogh acreditava ser filho de Perséfone, mas, na verdade, era filho de Apolo que tinha se encantado com o cair da noite e enrijecido voltado para a direção errada.

Quando eu tinha 19 anos de idade e estava rompendo com a fé do meu pai, ele me chamou para seu escritório. Sentado atrás da escrivaninha, ele me fez sentar na frente dele.

"Você sabe qual é a verdade, não sabe?", perguntou ele.

E eu, acreditando ser filho de Apolo que tinha enrijecido olhando na direção errada e não conseguia se voltar para a luz, respondi: "Sim, papai".

Foi a maior mentira da minha vida.

"Não seja girassol", diz minha mãe baixinho em meu ouvido enquanto a abraço, "não seja girassol. Seja abelha que se alimenta do girassol à luz de Apolo e, à noite, oferece seu mel a Perséfone".

Flor-sol já sem sol

Quando o girassol perde seus raios amarelos, o caule junto à flor amolece, e a flor, pesada de sementes, se inclina. Ela já não suporta mais a luz do sol. Olha para o chão, busca sombra, busca refresco.

Na nossa última caminhada, antes de despedir-nos dos meus pais, quando passamos pelo campo dos girassóis com seus rostos voltados para a terra, eu sussurro: "Meu pai é girassol".

E você responde: "Pois é".

Abro a porta sem fazer barulho. Meu pai está sentado na poltrona dele, na sala, olhos fechados, cabeça inclinada. Na cozinha, minha mãe nos espera.

"Papai está batendo à porta da casa de Perséfone", ela diz. "Ele sabe que, só se ela abrir a porta para ele e o receber, ele terá a chance de rever Apolo, o deus que ele tanto amou. Apolo e Perséfone moram na mesma casa, e Dia e Noite passam pelo mesmo portão quando iniciam sua jornada."

As sementes do girassol

As sementes do girassol amadurecem quando o girassol se inclina. As verdes folhas duras e fortes que antes sustentavam as pétalas agora protegem as sementes da chuva e de predadores. E quando as sementes estão prontas, o girassol as libera e morre.

Pergunto-me quais são as sementes que estão amadurecendo enquanto meu pai, cabisbaixo, negocia com a rainha dos mortos.

Que permaneça solto esse fio, não tenho pressa para descobrir.

Enquanto isso, eu me alimento do girassol e produzo um mel que darei a meu pai. "Ofereça o mel a Perséfone", direi a ele. Não existe nada que a rainha das trevas ame mais do que o néctar do sol.

6

A FRAGRÂNCIA DA ROSA
A POESIA DO INCONSCIENTE

Tenho trilhado caminhos estranhos, percorrido sendas que alguns consideram perigosas e sempre, sempre, em cada uma dessas estradas, tenho me deparado com situações de extrema impotência, em que me vi totalmente perdido, situações em que tive que me perguntar: E agora, vou confiar em quê?

No exercício espiritual que eu estava praticando? No Deus que buscava? Nas pessoas que dançavam comigo ao redor da fogueira em uma noite de lua cheia? Em mim mesmo?

Encontrei uma possível resposta na poesia, mais especificamente na poesia do inconsciente. Pode parecer absurdo depositar sua confiança e apostar sua vida em algo tão efêmero como a poesia, mas acredito que é na poesia que os símbolos do inconsciente desdobram todo seu potencial.

Os gregos acreditavam que as palavras ditas pelos oráculos eram como sementes. Retomando Kingsley:

Em vez de receber respostas prontas, você só recebia a semente da resposta, pois o enigma já contém sua solução.

Seu trabalho era alimentar o enigma, era nutri-lo. E o pitagórico entendia que, por meio do processo de cultivar o enigma, ele se transformaria numa parte dele. Na medida em que crescia, o enigma adquiria o poder de transformá-lo. Podia até destruí-lo. Mas o objetivo do enigma era tão claro como era sutil – era desviar o foco de sua atenção das respostas superficiais e voltá-lo para a descoberta daquilo que você não sabia já ter dentro de si mesmo[8].

Vistas à luz do sol e da consciência, as imagens fornecidas por oráculos, sonhos, visões e fantasias são complexas. Elas possuem muitos sentidos, muitos significados, apontam para tantas coisas que, no primeiro momento, quando o sonhador acorda ou o imaginador abre os olhos, ele é tomado de uma confusão profunda. Diante da multiplicidade de possíveis significados, o oráculo parece apontar para uma direção quando, na verdade, aponta para outra; o sonho parece dizer isso, mas, na verdade, diz aquilo; a visão parece revelar um

---

8. [Tradução minha.] Texto original: "Instead of being fed with ready-made answers you were just given the germ, the seed, of the answer: for the riddle contains its own solution. Your job was to feed the riddle, nurture it. And it was understood that, through the process of being tended and attended to, the riddle would become an organic part of yourself. As it grew it had the power to transform you. It could even destroy you. But the aim of the riddle was as clear as it was subtle-to shift the focus of attention away from superficial answers towards discovering what you hadn't realized you're already carrying around inside yourself".

atributo do divino, mas, na verdade, é apenas mais um dos infinitos disfarces do sagrado para nos iludir; a fantasia parece falar de brilho e beleza, mas, na verdade, é luz que ilumina lugares sombrios.

Resista à tentação de interpretar apressadamente, diziam os gregos. Acolha a imagem e a saboreie, e, ao mesmo tempo em que você a degusta, revire-a na boca e a mastigue. Não a cuspa. Nem na forma de palavras, nem na forma do silêncio que equivale ao esquecimento. Guarde-a.

A semiótica, a teoria dos signos, define a imagem simbólica, o símbolo, como um signo superdeterminado, ou seja, seu significado não é aleatório; ao contrário, o símbolo vem com uma sobrecarga de significados, e é justamente isso que o torna tão confuso, tão difícil de interpretar num primeiro momento. O sonhador ou imaginador não sabe qual dos muitos significados da imagem sonhada ou imaginada ele precisa "ativar" para identificar o sentido de determinado símbolo. O que dificulta ainda mais a interpretação é que, no sonho, na visão ou na imaginação, um símbolo costuma aparecer na companhia de outros símbolos igualmente superdeterminados. O contexto (o sonho, a visão, a imaginação) em que esses vários símbolos aparecem juntos sugere que existe alguma relação entre eles, mas, devido a sobrecarga de significados de cada símbolo, uma abordagem meramente racional não consegue identificar essa relação. Qual significado de um símbolo se relaciona com qual significado do outro símbolo?

Por isso é preciso tratar as imagens como sementes: dar-lhes tempo até que delas nasçam raízes e observar quais das raízes das diferentes sementes se encontram e entrelaçam.

E então, em algum momento, semanas ou talvez meses depois de ter surgido em seu peito, a imagem começa a revelar os sentidos que ela tem para você. Esse é o momento em que você precisa recorrer ao bom-senso e seguir esses fios de sentido para não se perder no labirinto dos muitos significados da imagem onírica.

Em uma carta de 2 de maio de 1947, Jung, insistindo nesse mesmo ponto, escreve a um tal de Mr. O:

> O sonho de que fala em sua carta é sugestivo neste aspecto: é uma *massa informis* que pretende ser modelada. Ela não deve escorrer pelo ralo, como sempre se espera, mas deve ficar na superfície porque é a *prima materia* de tudo o que o senhor dela fizer. O importante é que comece com qualquer imagem como, por exemplo, com aquela massa amarela de seu sonho. Contemple-a e observe cuidadosamente como a figura começa a desdobrar-se e a mudar. Não tente transformá-la em algo, não faça nada, mas observe quais são as suas mudanças espontâneas. Qualquer figura mental que o senhor contemplar dessa maneira mudará mais cedo ou mais tarde por meio de uma associação espontânea que provoca uma leve alteração da figura. O senhor deve evitar cuidadosamente pular de um assunto para outro. Mantenha-se firme na única figura que escolheu e espere até que ela mude por si mesma. Anote todas essas mudanças e entre eventualmente nela; se for uma figura que fala, diga a ela o que tem a dizer e escute o que ela (ou ele) tem a dizer (Jung, 2002, p. 66).

Numa imaginação ativa que fiz no fim de 2021, veio-me uma expressão, algumas poucas palavras. Essas palavras apareceram soltas, sem nenhuma imagem que as acompanhasse, sem nenhum contexto, e, por mais que eu implorasse à alma que ela me explicasse o significado daquela expressão, ela permaneceu em silêncio.

A expressão era: "A pedra de Timbuctu".

Só isso, nada mais.

Fiquei perplexo e sem saber o que fazer. Eram palavras que não me diziam absolutamente nada. Mas eu já havia entendido que nada que aparecia em minhas imaginações se manifestava em vão.

Peguei o computador e procurei imagens de Timbuctu na internet. O que vi foi isto: todas as construções da cidade consistem em estruturas de madeira revestidas de barro. Uma pesquisa mais aprofundada na internet confirmou minha suspeita: não existem pedras em Timbuctu!

O que isso significava? O que significava uma imaginação ativa que se referia a algo que não existia?

Fiquei ainda mais perdido.

O nome "Timbuctu" não me era estranho. Na escola interna em que estudei quando criança havia uma biblioteca cujos livros eram organizados de acordo com as faixas etárias. Havia uma estante para as crianças de 6 e 7 anos de idade, outra para as crianças de 8 a 9 anos, outra que continha os livros para a garotada de 10 a 12 anos e assim por diante. Eu era um dos frequentadores mais assíduos da biblioteca.

Livros eram para mim o melhor jeito de fugir do regime severo da escola interna e encontrar liberdade em mundos imaginados. Eu devorava os livros, e um dos grandes desafios da minha infância era controlar minha fome de livros para evitar a maior catástrofe imaginável: chegar ao fim da estante da minha faixa etária antes de completar a idade necessária para avançar para a estante seguinte.

Os livros que mais amava eram aqueles que falavam de cidades e lugares lendários: El Dorado, a cidade escondida nas profundezas da Mata Amazônica; Camelot, a cidade do Rei Artur e de seus Cavaleiros da Távola Redonda; a Ilha de São Brandão, que viaja pelo Mar Atlântico; o país da rainha de Sabá, que, com sua beleza, enlouqueceu o Rei Salomão.

Havia entre essas cidades míticas também cidades reais, mas igualmente lendárias, como, por exemplo, Timbuctu, no interior da África. Fascinava-me a história de Mansa Musa, que fez uma peregrinação para Meca no século XIV, levando consigo 60.000 escravos e duas toneladas de ouro, que ele distribuiu generosamente entre a população dos países pelos quais passava. O mero som dos nomes de Timbuctu, Mansa Musa, das mesquitas de Djinger-ber e Sancoré me fazia sonhar.

Mas nenhuma dessas lembranças me ajudou a fazer sentido da expressão que eu tinha ouvido em minha imaginação ativa: "a pedra de Timbuctu".

Então, numa última tentativa de desvendar o mistério da "pedra de Timbuctu", sentei-me à escrivaninha e comecei a escrever um pequeno conto, obrigando a linguagem poética a me revelar este segredo. E assim surgiu o pequeno conto "A Pedra de Timbuctu" (reproduzido neste livro logo após este capítulo). Foi só então que a escrita poética do inconsciente forneceu a tão desejada, embora surpreendente, interpretação de uma imaginação ativa que tinha me deixado totalmente perplexo e perdido por tantos meses.

A inexistência da pedra de Timbuctu apontava para a inexistência de outra coisa, de algo totalmente diferente, mas que precisava ser construído ativamente e com urgência.

Quero interromper o relato das minhas experiências com a poesia do inconsciente para um breve excurso sobre o mito judaico-cristão da criação do mundo, que talvez ajude a esclarecer a natureza do processo poético.

Escolhi esse texto não só porque a tradição judaico-cristã representa uma das origens da nossa cultura brasileira, mas também porque o texto fala de forma poética de todo o processo poético-criativo. Para não me estender demais, abreviarei o texto:

> A terra estava deserta e vazia, as trevas cobriam o Oceano e um vento impetuoso soprava [e o Espírito de Deus pairava] sobre as águas.
>
> Deus disse: "Faça-se a luz"! E a luz se fez. Deus viu que a luz era boa. Deus separou a luz das trevas. E à luz Deus chamou "dia", às trevas chamou "noite". Fez-se tarde e veio a manhã: o primeiro dia.
>
> Deus disse: "Faça-se um firmamento entre as águas, separando umas das outras". E Deus fez o firmamento. Separou as águas que estão debaixo do firmamento das

águas que estão por cima do firmamento. E assim se fez. Fez-se tarde e veio a manhã: o segundo dia.

Deus disse: "Juntem-se as águas que estão debaixo do céu num só lugar e apareça o solo firme". E assim se fez. Ao solo firme Deus chamou "terra" e ao ajuntamento das águas "mar". E Deus viu que era bom.

Deus disse: "A terra faça brotar vegetação: plantas, que deem semente, e árvores frutíferas, que deem fruto sobre a terra, tendo em si a semente de sua espécie". E assim se fez. [...] E Deus viu que era bom. Fez-se tarde e veio a manhã: o terceiro dia.

Deus disse: "Façam-se luzeiros no firmamento do céu para separar o dia da noite. [...] E, como luzeiros no firmamento do céu, sirvam para iluminar a terra". E assim se fez. [...] E Deus viu que era bom. Fez-se tarde e veio a manhã: o quarto dia.

Deus disse: "Fervilhem as águas de seres vivos e voem aves sobre a terra no espaço debaixo do firmamento". Deus criou os grandes monstros marinhos e todos os seres vivos que nadam fervilhando nas águas, segundo suas espécies, e todas as aves segundo suas espécies. E Deus viu que era bom. Fez-se tarde e veio a manhã: o quinto dia.

Deus disse: "Produza a terra seres vivos segundo suas espécies, animais domésticos, répteis e animais selvagens segundo suas espécies". E assim se fez. E Deus viu que era bom. [...]

Deus criou o ser humano à sua imagem, à imagem de Deus o criou, macho e fêmea ele os criou.

E Deus viu tudo quanto havia feito e achou que era muito bom. Fez-se tarde e veio a manhã: o sexto dia.

Em sua estrutura, esse texto é altamente elaborado. São três as estruturas que organizam o texto.

Dia	Dimensão	Categoria	Obra criada
1º	Tempo	Luz	Luz
2º	Espaço	Espaço do ar e da água	Firmamento
3º	Espaço	Terra firme	Terra e mar Plantas
4º	Tempo	Luz	Corpos celestiais
5º	Espaço	Espaço do ar e da água	Animais da água e do ar
6º	Espaço	Terra firme	Animais da terra Ser humano

Primeiro, temos os seis dias, que dão uma estrutura cronológica ao texto, que organizam a sequência dos eventos. Em segundo lugar, temos uma estrutura de tempo e espaço, que se repete ao longo do texto. E o mesmo acontece no nível de uma estrutura que organiza as áreas mais específicas da criação. Essas três estruturas se sobrepõem e organizam todo o processo de criação do mundo.

Em seu conteúdo, o texto também segue uma estrutura, um processo dinâmico muito claro.

O texto começa descrevendo o estado em que o mundo se encontrava antes da criação. "A terra estava deserta e vazia, as trevas cobriam o Oceano", tudo era indistinto, vazio, sem vida, escuro – o texto hebraico usa a palavra "tohuwabohu" para descrever esse estado, que significa "caos, confusão total".

E "ruah", o sopro, o vento, o espírito de Deus em hebraico, pairava sobre as águas.

E então esse Deus começa a falar e, através de sua fala, Ele começa a criar o mundo. Podemos ver como Ele usa a fala para criar ordem e atribuir sentido e significado ao caos inicial. A cada dia, a complexidade, o nível de diferenciação da criação, aumenta.

Na Idade Média, os teólogos e místicos especularam sobre a língua que Deus teria usado para criar o mundo. Que língua era essa que era capaz de evocar a existência daquilo que dizia? Afinal de contas, não é o que acontece quando nós falamos. Eu, por exemplo, posso dizer a palavra "elefante" sem que um elefante de carne e osso apareça aqui, no meu escritório. Na língua humana não existe uma identidade entre a palavra "elefante" e o animal elefante. A palavra "elefante" remete a uma imagem mental desse animal e a todo conhecimento que temos sobre ele, mas não existe uma relação direta entre a palavra e aquilo que ela designa. Os filósofos medievais também já sabiam disso, por isso, alguns deles dedicaram sua vida inteira à busca pela linguagem divina da criação. Alguns deles chegaram a imaginar a criação assim: Deus abria a boca para falar e, ao mesmo tempo, regurgitava os objetos que falava, pois acreditavam que, na criação, a palavra criativa divina precisava ser idêntica ao objeto que ela criava.

Acredito que não precisamos recorrer a nenhuma língua divina ou mágica para explicar a criação.

No segundo capítulo de Gênesis, que descreve de outra forma a criação do mundo, ocorre algo que provocou uma reação muito semelhante entre os teólogos da Idade Média. Depois de criar todos os animais na terra e todas as aves no céu, "Deus os trouxe ao ser humano para ver como os chamaria; cada ser vivo teria o nome que o ser humano lhe desse. E o ser humano deu nomes a todos os animais domésticos, às aves do céu e a todos os animais selvagens".

Segundo o relato bíblico, isso aconteceu antes da queda, antes de Adão e Eva comerem da fruta da árvore do conhecimento, antes, portanto, da contaminação da criação pelo pecado, ou seja, quando o mundo ainda era a criação perfeita de Deus. Portanto, num mundo perfeito, assim acreditavam os teólogos medievais, a língua que Adão usou para designar cada ser vivo na Terra também era perfeita. Sendo perfeita, os nomes que Adão deu aos seres vivos também eram perfeitos, ou seja, eram capazes de expressar a essência de cada objeto designado pelo nome. Como ainda não havia separação entre Deus e o ser humano, não havia separação entre palavra e objeto designado.

No entanto, todas essas discussões sobre a natureza da língua usada por Deus e pelo ser humano no ato da criação encobrem a verdadeira função da língua: que é diferenciar aquilo que é indistinto, confuso, caótico. Na criação do mundo, Deus usa a palavra para identificar e atribuir uma ordem ao "tohuwabohu" inicial. Cada um dos seis dias da criação eleva o nível de diferenciação. Primeiro Deus identifica dia e noite que, até então, coexistiam, depois Ele separa as águas do ar das águas que estão debaixo do céu, no terceiro dia, Ele separa o espaço das águas do espaço da terra firme. Por fim, Ele enche a terra com plantas e animais.

O primeiro ser humano, ao ser confrontado com todos os seres vivos que o cercam, acrescenta agora, num fantástico esforço poético, mais um nível de diferenciação, identificando as diferenças que existem entre os seres vivos e dando um nome específico a cada uma das espécies que ele consegue identificar, criando e atribuindo assim uma ordem a seu mundo.

E então acontece algo inacreditável: durante o processo de identificar e designar os seres vivos que o cercam, o ser humano faz uma descoberta incrível: ele descobre que a criação não é perfeita. Ele vê que cada espécie de animais consiste em fêmeas e machos, que os animais têm outros animais iguais a eles que lhes fazem companhia. Mas ele, o primeiro ser humano, está só.

Para mim, o mito da criação do mundo é um retrato do desenvolvimento psíquico do ser humano. O "tohuwabohu", o caos, a massa indistinta inicial corresponde ao nosso inconsciente. E dele, na medida em que ele emerge e aparece no consciente, surge um mundo inteiro, que, aos poucos, vai se organizando e diferenciando.

É claro que, para nós, que já vivemos num mundo "pronto", é difícil imaginar um mundo diferente daquele em que nos vemos inseridos. Mas a criação não é um processo concluído, o processo de criação do nosso mundo é algo que acontece o tempo todo, e é justamente aqui que entra em jogo a poesia.

"Poíeses", em grego, significa criação. A poesia é, portanto, um processo criativo num sentido muito literal.

Em 2021, escrevi meu primeiro texto baseado em uma imaginação ativa. Eu tinha me separado no início daquele ano e agora estava morando sozinho numa casa no meio do mato entre Trancoso e Arraial d'Ajuda, na Bahia. Todas as manhãs, eu me levantava de madrugada, saía para a varanda, me deitava na rede e fazia uma imaginação ativa antes de voltar minha atenção para o trabalho.

Certa manhã minha imaginação me levou para um quarto com uma figura feminina. Eu tinha cortado meus cabelos e agora estava ocupado amarrando cada um dos meus fios de cabelo às pontas do cabelo dela, criando assim um tipo de cortina, por trás da qual nós nos entretínhamos combinando palavras aleatórias e assim criando expressões novas. Então entre uma brincadeira e outra, entre uma invenção poética e outra, a mulher disse: "Dragão submarino".

Essa expressão ficou comigo e me acompanhou durante os próximos dias e semanas. Para mim, esse dragão submarino era igual à massa amarela no sonho do paciente de Jung. Eu não sabia o que significava, não sabia o que queria me dizer. Então, aos poucos, a "massa amarela" do dragão submarino começou a se transformar. Deparei-me com um monstro enquanto lia uma saga finlandesa, o monstro me levou a outras associações e assim, aos poucos, nasceu "O caçador do dragão submarino", o último conto reproduzido neste livro.

Existe outra passagem bíblica muito famosa na tradição cristã que fala da criação do mundo. Trata-se dos primeiros versos do primeiro capítulo do Evangelho de São João:

> No princípio era a Palavra e a Palavra estava com Deus, e a Palavra era Deus. No princípio ela estava com Deus. Todas as coisas foram feitas por meio dela e sem ela nada se fez do que foi feito.

Em grego, o termo que nós traduzimos como "palavra" é "logos". No judaísmo helênico, o "logos" era a palavra que saía de Deus e passava a ter uma existência própria.

Esse conto é, de certa forma, o desdobramento e a diferenciação de uma palavra que saiu do inconsciente e passou a ter uma existência própria. O "dragão submarino" me ensinou a ver e contemplar eventos no mundo real de maneira diferente: o acidente de trem na estação de Montparnasse, a tragédia de Lakehurst, para citar apenas dois exemplos. Aproveitei o fato de que, no imaginário das pessoas das respectivas épocas, essas parafernálias técnicas eram vistas como monstros e os identifiquei com o dragão. O dragão submarino me mostrou que existem outras maneiras de contemplar o mundo em que vivo, e essa mudança de perspectiva transforma o mundo de formas muito concretas. Comecei a enxergar outras relações entre as coisas, a dar outro sentido a elas, e assim elas passaram a me oferecer algo diferente, algo que eu não tinha visto antes, talvez até algo que não tinha existido antes. Simultaneamente, a criação poética muda nosso posicionamento no mundo, nossa maneira de nos inserir no mundo e na vida, transformando a forma como vemos a nós mesmos. Através da poesia, nós nos criamos num constante ato poético-criativo.

No entanto, e acredito que este seja o aspecto mais profundo, mais lindo e também mais difícil do ato poético: a poesia mostra que não existe criação perfeita, nós não somos uma criação perfeita. Temos nossas sombras, temos nossas falhas e defeitos. No meu caso, o dragão submarino me mostrou que eu estava sozinho, algo que, durante meses, eu tinha me recusado a reconhecer, buscando a companhia do trabalho, tentando me convencer de que, finalmente, eu estava livre para viver minha vocação como eremita. Mas, deitado naquele barco, enquanto o dragão submarino dava suas voltas nas águas que balançavam o barco, eu me senti só. E foi essa percepção que me levou à decisão de sair da minha solidão e a buscar a companhia de uma companheira com a qual eu pudesse brincar por trás do véu dos nossos cabelos.

No caso do conto "Achados e perdidos", tudo começou com uma imaginação ativa em que me vi diante de uma estante alta que, tanto à direita quanto à esquerda, se estendia infinitamente. Ela era dividida em compartimentos, e em cada compartimento havia algum objeto. Mas o objeto que, na imaginação ativa, mais chamava minha atenção era aquele que se encontrava bem diante de meus olhos: um pequeno frasco de vidro transparente e, dentro dele, um líquido igualmente transparente. Havia uma etiqueta amarrada ao frasco que dizia: "Lágrimas dos seus pais".

Minha primeira reação à imaginação ativa e, mais especificamente, ao frasco com as lágrimas de meus pais, foi um sentimento de culpa. Minha relação com meus pais era complicada. Desde meu rompimento com a fé cristã aos 19 anos de idade, eu me sentia em dívida com eles. Afinal de contas, eles eram missionários evangélicos, que haviam desistido do conforto de uma vida em seu país de origem e tinham sacrificado uma vida relativamente agradável e fácil por uma vida de privações no meio da caatinga do sertão piauiense e baiano – em nome do seu Deus. Quando, após uma série de experiências e questionamentos que me abalaram profundamente, eu não consegui mais seguir a fé deles, passei a acreditar que a existência de um filho incrédulo significava o questionamento de todo o trabalho dos pais. Afinal de contas, se não conseguiam convencer nem o próprio filho da verdade de sua crença, como justificariam seu trabalho diante de outras pessoas?

Num primeiro momento, então, a imagem do frasco com as lágrimas dos meus pais trouxe à tona esse sentimento de culpa que eu havia tentado negar e reprimir por décadas. Pois sempre que essa culpa levantava a cabeça para se manifestar, eu dizia: "E o que posso fazer? Não tenho culpa se não consigo mais acreditar no Deus dos meus pais. Tentei, acredite, tentei muitas vezes, porque minha vida teria sido muito mais fácil se eu tivesse conseguido acreditar sem questionar tudo na minha vida. Mas não consigo".

Era isso que minha alma queria de mim ao me confrontar com essa imagem? Que eu admitisse minha culpa ou, pelo menos, reconhecesse a existência desse sentimento de culpa?

Isso até que fazia sentido, no entanto, a imagem do frasco não me soltava. Ela continuou me acompanhando, como que dizendo que ela continha um significado maior do que aquele que saltava aos olhos.

Então decidi voltar minha atenção para outros elementos da imaginação ativa que, até então, eu tinha negligenciado. Voltei para a estante que, à esquerda e à direita, se estendia ao infinito. Olhei para todos aqueles compartimentos e senti a necessidade de preenchê-los (durante a imaginação ativa, eu não tinha dado muita atenção aos conteúdos além do pequeno frasco com as lágrimas de meus pais). Mas eu sabia que minha imaginação consciente não seria capaz de produzir tantos objetos.

Lembrei-me então de um livro de Umberto Eco, chamado *A vertigem das listas*. Corri até a estante de livros, peguei o livro e comecei a sobrevoar as muitas listas que o autor cita, anotando todos os objetos que chamavam minha atenção. Enquanto reunia e colecionava os itens, não dei muita atenção à natureza da coleção que eu estava montando ali. Minha única preocupação era, de alguma forma, preencher aqueles compartimentos da estante.

Quando me sentei à escrivaninha para escrever o texto (e sempre chega esse momento em que sinto a necessidade de colocar em papel aquilo que me atormenta, mesmo não sabendo ainda que tipo de texto escreverei nem a que fim ele me levará), o primeiro passo foi decidir o cenário em que a história se passaria. Perguntei-me em que lugar costumam acumular-se itens aleatórios e a resposta foi, é claro, a sala dos "achados e perdidos" de qualquer instituição pública, como um museu, uma estação de trem ou – os Correios. Optei pelos Correios por causa de uma lembrança da minha infância, em que meu pai me levou à central dos Correios em Belém do Pará, quando fiquei impressionado com aquelas paredes cobertas de compartimentos numerados e trancados.

E assim peguei a lista de objetos emprestados das listas de Umberto Eco e comecei a transcrevê-la, completando-a com um ou outro objeto que minha imaginação me fornecia naquele momento. Enquanto escrevia, percebi que era uma lista de objetos absurdos, e a absurdidade de um contaminava o seguinte com sua insensatez, de modo que até objetos normais, como o prato de vitela com ervilhas e a lua em câncer, adotassem um ar de loucura.

Muitas vezes, o texto desenvolve uma dinâmica própria, a menção de um detalhe como que exige uma explicação ou continuação, como, nesse caso, aconteceu com as cartas de um amor tão ousado que não tive coragem de lê-las. É como se o texto travasse um diálogo com o inconsciente sem a participação consciente do autor. Assim se deu o episódio com o funcionário dos Correios e o casal apaixonado à procura de suas cartas de amor.

Quando o funcionário dos Correios volta sua atenção para mim e me pergunta o que estou fazendo ali, no departamento dos "achados e perdidos", obviamente eu estava ali porque estava à procura de algo que eu tinha perdido – meus pais.

Estou tentando reconstruir e explicar o inexplicável. Não sei de onde veio a frase do funcionário dos correios: "Estas são as lágrimas que os pais derramaram quando cortaram uma cebola depois de terem perdido seu filho". Talvez o caráter absurdo da lista no início do texto não tenha aceitado que o frasco contivesse lágrimas verdadeiras e comuns, talvez tenha sido a lista que exigiu algum toque diferente, algum toque absurdo, talvez, porém, o texto tenha conseguido acessar algum conteúdo inconsciente sem que, naquele momento, eu me desse conta dele. Mas no instante em que completei aquela frase, senti a dor. E ela me pegou de surpresa, despreparado.

E essa frase deu início a um longo processo de reaproximação interna a meus pais.

Acredito que os símbolos que o inconsciente me ofereceu como representação tanto de minha mãe (o botão separado da roseira) como de meu pai (o girassol) apontaram um caminho de cura para meu relacionamento com eles. São vários os níveis em que a poesia atua: em primeiro lugar, a concentração no símbolo, a tentativa de entendê-lo e interpretá-lo, me afasta dos afetos vinculados ao referente do símbolo. É como se ele me encorajasse a dar um passo para trás, a contemplar o símbolo a partir de um ponto de vista objetivo, não emotivo. Esse distanciamento me permite explorar a riqueza do símbolo, descobrir as histórias que ele conta.

No momento, porém, em que começo a escrever o texto poético e a reunir todas as histórias, todos os sentidos e significados, todos os elementos autobiográficos que encontro no símbolo, esse distanciamento é revertido, e o afeto original (muitas vezes negativo ou carregado de emoções difíceis) se transforma em empatia. E a empatia gera uma curiosidade por aspectos até então ignorados, e a curiosidade, por sua vez, gera o impulso necessário para criar beleza.

E é assim que a poesia me cura.

O sexto conto:
Os olhos de Sant'Lazaro

Quando desembarquei na Ilha de San Petro no Arquipélago de Sant'Lazaro, próximo à linha equatorial no Mar do Sul, acreditei ter chegado a uma típica ilha dos oceanos. As cores vívidas, os cheiros fortes, a música nas ruas, as pessoas sentadas na frente das casas, o choro de crianças no fundo dos quintais – era tudo como eu tinha imaginado. Demorei a perceber que existe aqui um costume que não encontrei em nenhum outro país. Quando uma criança aparece numa roda de adultos, um dos adultos cobre sua boca com uma máscara ou um lenço, deixando à vista somente seus olhos. A criança corre para aquele adulto, seja ele mulher ou homem, e passa alguns segundos contemplando aqueles olhos. É como se mergulhasse neles.

Mais tarde, soube que aquele adulto era pai ou mãe da criança.

Antes de alcançarem a maturidade aos 14 anos, as crianças do Arquipélago de Sant'Lazaro jamais veem o rosto inteiro de seus pais. Apenas os olhos. Pouco antes do parto, o rosto da mãe é coberto num ritual: a grávida é levada para uma caverna que se abre para o mar e é colocada no centro de um círculo de mulheres já mães. Ela se ajoelha. Entra então a parteira, se aproxima da grávida, cobre os olhos da grávida com a mão. Quando a parteira retira as mãos, o rosto da grávida está coberto e, seus olhos estão fechados. As mulheres entoam então cânticos que falam das estrelas nas profundezas do universo e dos astros nas profundezas do mar. Enquanto cantam, tecem redes de luz que se estendem desde o brilho das estrelas e dos objetos luminosos no mar até os olhos da mãe. Sob aplausos e muitas lágrimas, a parteira ajuda então a mãe a dar à luz. Quando nasce o bebê, enquanto ele ainda chora de olhos fechados, a parteira aproxima o rosto dele do rosto coberto da mãe. Quando o choro cessa, mãe e filho abrem os olhos, e a primeira coisa que ele vê são os olhos da mãe. Apenas os olhos. A mãe se esquece da dor, e o bebê se acalma.

Mãe e filho permanecem na caverna durante os primeiros anos de vida da criança, comunicando-se apenas com seus olhos. Quando o pai vem para dar atenção à mãe, ele também cobre seu rosto. Vi pais passando horas em silêncio, apenas contemplando os olhos do filho.

Quando a criança começa a andar, aos poucos ela é apresentada ao mundo lá fora, conhece e aprende a reconhecer os rostos de seus irmãos e primos, de tios e tias. Mas os únicos olhos que realmente conhece são os olhos da mãe e do pai.

Eu soube que, quando dois jovens se apaixonam, eles também se escondem numa caverna, normalmente mais afastada do vilarejo, onde passam noites inteiras sondando o olhar um do outro num exercício de autoconhecimento.

Anos mais tarde, quando a morte se aproxima da mãe ou do pai, a parteira é chamada mais uma vez. Ela aproxima o rosto do filho do rosto da mãe ou do pai, eles se olham uma última vez e então a parteira fecha os olhos de ambos.

Durante o período de luto, o filho permanece de olhos fechados e olha para dentro, onde lhe é revelado tudo que sua mãe ou seu pai viu em seus olhos durante a vida desde seu nascimento.

7

A FLORESTA ESCURA
A TÉCNICA DA IMAGINAÇÃO ATIVA

Certa noite, eu estava deitado na rede na varanda de minha casa aqui em Arraial d'Ajuda. Havia chovido pouco antes e agora o canto de centenas de sapos permeava a noite. Era uma sinfonia ensurdecedora que parecia subir das entranhas da terra. Imaginei os sapos como punhados de lama, que, vindos das profundezas, borbulham na superfície da terra. O que estavam querendo me dizer com seu canto? Tentei ouvir com mais atenção, e então percebi que, ao canto dos sapos, misturava-se o canto dos grilos, seres do ar igualmente primordiais, mensageiros do céu. Foi um momento mágico: o céu noturno respondia à terra escura, e vice-versa.

Assim que o sol nasce, os urros indistintos dos sapos são substituídos pelos gritos finos e agudos dos pequenos saguis, que, curiosos, se aproximam da casa e, pulando de galho em galho, observam cada movimento meu. A monotonia do sibilo estridente dos grilos dá lugar aos cantos diferenciados dos pássaros, que sobrevoam a casa, voam de árvore em árvore, chamam seus parceiros.

Parece que é mais fácil entender os sons do dia. Eles nos são mais próximos, conseguimos ver quem os produz. E os macaquinhos e pássaros, esses seres do dia, nos parecem mais delicados, mais distintos, mais parecidos com nossa realidade. Os sapos e os grilos, esses seres da noite, nos são estranhos, raramente os vemos, não os entendemos.

É como se dia e noite fossem dois mundos diferentes com barulhos diferentes que nos falam de realidades diferentes.

E, de certa forma, é verdade: quando acordo no meio da noite, os pensamentos que me vêm são pensamentos da noite: sombrios, angustiantes, indistintos. A luz do dia traz luz também aos pensamentos. É mais fácil entender o que penso durante o dia do que o que se passa em minha cabeça durante a noite. Dia e noite parecem ter tão pouco em comum que até os seres que povoam esses mundos se revestem de corpos diferentes e falam línguas diferentes. Os seres da noite povoam nossos pesadelos, os do dia, nossas fantasias.

E então, ao amanhecer, ainda deitado na rede na varanda de minha casa, acordo. Abro os olhos e vejo um beija-flor beijando uma flor em meu jardim. É o ser mais delicado, mais sutil, um raio de sol cintilante que se materializou e se revestiu da maior beleza imaginável, representação mais perfeita do dia, penso deitado na rede na varanda de minha casa. Mas então ouço seu zumbido, um barulho constante, indiferenciado, indistinto, zumbido da noite. Foi por isso, penso, que os deuses elegeram o beija-flor como seu mensageiro, que só reluz durante o dia, quando estou acordado, mas que me fala da noite.

Fecho os olhos, relaxo, inspiro, expiro e o balanço da rede me leva de volta para a noite, onde ouço o sussurro ainda indistinto de uma alma colorida e cintilante, que beija a flor que adorna meu ouvido.

Para permanecer na imagem dos seres do dia e da noite: o objetivo da imaginação ativa é o beija-flor: é reconhecer as manifestações do inconsciente à luz do dia, ouvir o zumbido que, se ouvirmos com atenção, permeia todo o consciente. Para ouvi-lo, precisamos nos calar.

Talvez o silêncio seja a maior aventura que nos espera na vida. Uso a palavra "aventura" em seu sentido original: "aventura" é um empreendimento sério de grande importância – tanto para o indivíduo aventureiro como para sua comunidade. Na Idade Média tardia, o aventureiro era uma pessoa ousada, que se colocava em situações de perigo – muitas vezes, sem considerar o risco envolvido. Uma definição com que me identifico.

A alma sopra onde, quando e como quer. Fui pego de surpresa e totalmente despreparado, e talvez não pudesse ter sido diferente em meu caso, talvez eu precisasse ser arrastado para as profundezas tão repentinamente, sem tempo para levantar a guarda.

No entanto, se este livro inspirou você a se iniciar na prática da imaginação ativa – e, apesar de minhas experiências por vezes difíceis, quero encorajá-lo do fundo do meu coração – procure antes um psicoterapeuta ou analista familiarizado com o mundo simbólico. Ele não precisa ser especialista em imaginação ativa, mas deve conhecer bem a linguagem dos sonhos e saber navegar o universo do inconsciente. Quando, finalmente, recorri à ajuda de um analista, "o experimento mais difícil da minha vida" (como Jung chamou suas conversas com a alma) se tornou muito mais leve e seguro.

No início de 2024, fiz a seguinte imaginação ativa.

> Eu me vi sentado numa pedra no centro de uma grande caverna. Eu estava deprimido, angustiado, cabisbaixo, precisando de ajuda. Então aproximou-se de mim um homem velho. Ele ficou em pé do meu lado. Sem olhar para ele, sem nem mesmo levantar a cabeça, perguntei: "O que faço?"
>
> "Olhe para cima", respondeu.
>
> Levantei a cabeça e vi, acima de mim, uma abertura na caverna pela qual caía uma luz em cima de mim. Era uma luz agradável, acolhedora, que me chamava.
>
> "Estou na luz?", perguntei confuso. "Mas por que me sinto tão miserável?"
>
> Em vez de responder, o velho colocou sua mão entre minhas escápulas, e asas grandes nasceram em minhas costas.
>
> Bati as asas, levantei voo e comecei a voar em direção à luz.

Mas o velho me segurou pelo pé e disse: "Eu não lhe dei asas para voar, mas para protegê-lo. Cubra-se com elas quando avançar pelas profundezas da caverna, e elas o protegerão".

Evidentemente, as asas evocam a imagem de anjos, de mensageiros celestiais.

Nas oficinas de imaginação ativa que tenho conduzido, muitos dos iniciantes na prática da imaginação ativa ficam fascinados com as primeiras imagens que a alma lhes mostra. Mas Jung e Kingsley nos lembram de que o inconsciente, o submundo, é um lugar perigoso. E, diante de imagens fascinantes, é fácil baixar a guarda e então, em algum momento, ser atropelado pela força das imagens, como aconteceu comigo na imaginação ativa com São Pedro e o espelho.

No caso da imaginação ativa acima, logo percebi que as associações mais frequentes evocadas por toda a simbologia angelical não se aplicavam aqui. Num primeiro impulso, segui algumas dessas pistas, tentei me entender como algum tipo de mensageiro enviado ao submundo, mas isso não me levou a lugar algum. A imaginação ativa não estava falando de uma vocação, de um chamado para uma missão especial.

Lembrei-me então dos serafins, dos anjos que, na mitologia judaica, ocupam a posição mais alta na hierarquia celestial. Eles usam asas para cobrir o rosto e os pés como sinal de máxima reverência e adoração a Deus. A Bíblia judaica nos lembra em várias histórias o que acontece quando o ser humano se aproxima do divino e sagrado sem o devido preparo e adverte: "Ninguém pode ver a Deus e permanecer vivo" (Ex 33,20).

Tenha muito cuidado com imaginações ativas que inflem seu ego. O contato com o divino, com aquilo que é maior do que nós mesmos, sempre nos coloca num lugar de humildade. Quando acessamos o inconsciente, entramos em contato com algo que é muito maior do que nós mesmos, e este contato com o "maior" é a essência de qualquer espiritualidade. Portanto, quando invocamos a alma, estamos pisando em território sagrado. Não trate a imaginação ativa como brincadeira e não a pratique apenas por curiosidade, para "curtir uma viagem".

Quando invocamos a alma, pedimos não só que ela converse conosco, nós a convidamos a entrar e se manifestar em nossa vida. Os conteúdos que acessamos no inconsciente possuem uma dinâmica própria e uma vontade indomável de se concretizar na vida desperta. Na imaginação ativa, podemos ser confrontados com algum aspecto nosso que precisa ser revisto, analisado e transformado. Então a alma nos confrontará com situações em que teremos que mostrar que aprendemos nossa lição, e isso costuma se manifestar em alguma situação que, se não estivermos alertas, pode resultar num conflito muitas vezes doloroso.

Mantendo em mente todas essas ressalvas, quero apresentar agora o passo a passo da técnica da imaginação ativa como eu a pratico e que desenvolvi e aprimorei com a ajuda de meus alunos nas oficinas de imaginação ativa.

Uma cliente de Jung a descreveu da seguinte forma:

"No início, você usa apenas a retina do olho a fim de objetivar. Então, em vez de continuar tentando forçar as imagens para fora, você simplesmente olha para dentro. Agora, quando você vê essas imagens, agarre-se a elas e veja para onde elas o levam – como elas mudam. E tente entrar você mesmo na imagem – tornar-se um dos atores. Quando comecei a fazer isso, eu via paisagens. Então aprendi a colocar--me dentro da paisagem, e as figuras conversavam comigo, e eu lhes respondia".

Podemos desdobrar essa descrição em uma sequência de passos individuais:

Invoque a alma, peça que ela lhe mostre o que você precisa ver hoje.

Se não lhe vier uma imagem de imediato, concentre-se nas manchas na retina quando você fechar os olhos.

Concentre-se na mancha que chamar sua atenção até você reconhecer algo nela: os contornos de uma figura, uma paisagem.

Desenvolva a imagem. Acrescente detalhes, cores.

Insira-se na paisagem. Olhe em volta. Observe os detalhes.

Interaja com a paisagem. Toque em objetos.

Perceba suas emoções. Como você se sente dentro dessa imagem?

Explore a imagem. Passeie pela paisagem. Você está sozinho?

Talvez lhe apareça um personagem (uma pessoa, um animal, algum outro ser.)

Converse com ele. Faça perguntas, responda às perguntas que ele lhe faz.

Em algum momento, a imagem se esgotará e você perceberá que chegou a hora de encerrar a imaginação ativa.

A técnica, portanto, é muito simples. No entanto, quero acrescentar algumas orientações que podem ajudar a contornar ou superar algumas das dificuldades enfrentadas por aqueles que estão apenas iniciando a prática da imaginação ativa.

A primeira e mais importante dica: Não se aproxime da imaginação ativa com expectativas ou perguntas predefinidas. Quando criamos expectativas ou fazemos a imaginação ativa com a intenção de buscar uma resposta a uma pergunta específica, você já entra na imaginação ativa com o consciente trabalhando intensamente, tentando encontrar uma solução para nosso problema. Assim, o consciente já está todo armado na hora da imaginação ativa, pronto para fornecer todas as respostas que ele encontrou.

Simplesmente peça que a alma lhe mostre o que ela queira mostrar-lhe ou o que você precise ver hoje.

Confie na alma. Ela sabe o que você precisa ver.

Aceite a primeira imagem que aparecer.

Ao dialogar com uma figura, aceite a primeira resposta que lhe vier à mente.

Não questione, não julgue, não avalie, não interprete: insisto nessa atitude acrítica durante a imaginação ativa, pois cada uma dessas posturas abre espaço para a interferência da razão. Isso não significa que o imaginador precise se expor a imagens dolorosas ou intensas demais: ao contrário do sonho, a imaginação ativa permite que o imaginador a encerre quando quiser ou quando as imagens se tornarem insuportáveis ou provocarem uma angústia excessiva.

Uma pergunta frequente de quem inicia a prática da imaginação ativa é: "Como sei se minha imaginação ativa é genuína? Como sei se não é produto do meu consciente?" Minha regra é: o inconsciente não mostra o que o consciente já conhece. Veja se a imaginação ativa lhe trouxe algo novo, uma nova perspectiva, novas imagens, novas sensações.

O que nos leva ao maior desafio enfrentado por aqueles que queiram praticar a imaginação ativa: como evitar que a fantasia seja "forçada, violada e subjugada por uma ideia bastarda, intelectualmente preconcebida", como domar os espasmos do consciente?

Como tentei explicar no capítulo 5 deste livro, o silêncio é a porta de entrada para o inconsciente. Quero apresentar algumas técnicas de meditação que eu uso para chegar nesse lugar do silêncio para, então, invocar minha alma.

Quero começar sugerindo a meditação do espaço interior do silêncio, que aprendi com o monge beneditino Anselm Grün. Tomei a liberdade de fazer algumas adaptações:

Concentre-se na respiração.

Inspire.

Expire.

Observe seus pensamentos. Perceba suas emoções.

Aceite, não avalie, não julgue.

Agora, saia da mente, desça até chegar no coração. Ouça as batidas do coração. Se quiser, coloque a mão sobre o peito e sinta como, com cada batida, o coração envia uma luz calorosa e acolhedora pelo corpo. Perceba como essa luz impregna cada célula sua.

Visualize-se agora como um corpo de luz amorosa. Perceba como você irradia essa luz, criando um espaço luminoso em volta de seu corpo.

Sinta como esse espaço de luz é um lugar seguro, ao qual o barulho do mundo não tem acesso. Este é o seu santuário, onde sua mente pode descansar e se regenerar.

Ouça o silêncio que existe neste santuário. Entregue-se a este silêncio seguro, onde não existe avaliação, nem julgamento, nem pressão, nem obrigação. Aqui, só existe a luz que emana do seu coração.

Permaneça neste lugar do silêncio até a luz que preenche e envolve você lhe transmitir uma paz profunda.

E agora, invoque a alma, repetindo as palavras de Jung: "Minha alma, minha alma, onde estás? Tu me ouves?"

E ouça.

Inspirei-me na técnica da repetição encantatória dos antigos gregos para desenvolver um tipo de meditação completamente diferente que funciona muito bem para mim.

Basicamente, ela consiste em olhar para o mundo num momento de tranquilidade, em escolher um detalhe – um objeto, um reflexo de luz, uma sensação, qualquer coisa – e permitir que ele evoque associações e assim o leve para outro detalhe deste mundo para o qual você está olhando, que então o leva para outro aspecto, outra observação, outra associação, até que esse processo o leve de volta para o detalhe inicial – agora já com um olhar diferente, enriquecido – e assim inicie um novo processo circular. Na medida em que você leva esse jogo adiante, os objetos, as observações, as associações se fundem uns com os outros e, nesse vai e vem, a mente se acalma.

Essa técnica de meditação parte do pressuposto de que o mundo exterior que vivenciamos é um espelho perfeito do mundo interior. Refiro-me aqui especificamente não a situações relacionais desafiadoras nem a experiências dolorosas (que, obviamente, também são reflexo da vida psíquica), mas ao ambiente em que me encontro: aos prédios que me cercam quando estou na cidade, ao mar quando estou na praia, à mata quando estou em minha casa em Arraial d'Ajuda, no litoral baiano.

Deitado na rede na varanda, olho para a mata atrás da casa; na varanda do apartamento em Salvador, olho para os prédios que me cercam; na praia, olho para a areia banhada pelas ondas; olho para aqueles cenários que me são tão familiares até que algum detalhe chame minha atenção. Então inicio um diálogo silencioso com minha alma, que me leva daquele detalhe a outro, que, por sua vez, evoca uma lembrança ou associação, e assim, juntos, vamos tecendo uma rede que envolve o consciente e, aos poucos, o confina, acalma e afasta.

Alguns exemplos:

Eu estava em Salvador, na casa de um amigo. Minha esposa já tinha descido para tomar o café da manhã. Eu me demorei um pouco, fiquei parado diante da janela de vidro. Lá fora chovia. Fiquei olhando para a chuva que caía e respingava nos telhados das casas vizinhas, quando, de repente, num telhado próximo, algo que parecia uma pedra escura chamou minha atenção.

Hoje, o sol nasceu banhado em chuva. Estava mergulhado em nuvens, e eu só sabia que ele tinha nascido porque sua luz, filtrada por nuvens e gotas de chuva, mergulhava tudo em luz suave. Olhei pela janela, olhei pelas gotas d'água que escorriam pelo vidro da janela, olhei para o horizonte borrado pela água que caía do céu, olhei para os telhados molhados da cidade. E num dos telhados, vi um pássaro, parado, imóvel, aturando as gotas d'água que caíam e molhavam e escorriam pelas penas. Tive pena daquela ave. Mas ela parecia não se importar. Continuava parada, imóvel, igual à pedra que, num dia de sol sem chuva, os garotos tinham lançado no telhado.

Pensei na chuva, nas gotas d'água, no horizonte borrado, indistinto, na cortina transparente de fios d'água no vidro da janela, pensei no telhado molhado, no pássaro encharcado, na ave que parecia pedra, pensei nas gotas de chuva caindo naquela pedra e pensei:

Eu queria que minhas palavras fossem como gotas d'água que caem numa ave que parece pedra. Pois pedra não avalia, não julga, nem interpreta. Ela fica parada, imóvel, não se move. Parece que nem se comove. Parece que nem me ouve.

Eu queria ser pedra. Eu queria ser pedra molhada numa manhã de chuva. Eu queria ser pedra imóvel que nem sabe que foi lançada num telhado. Eu queria ser pedra que nem sabe o que pensa, que não julga nem avalia o que pensa, que não interpreta o que pensa, pois só pensa no silêncio.

Ultimamente, tenho pensado muito no silêncio. Penso em vocês, e ouço silêncio. Olho para minha mão, e fico em silêncio. Toco o rosto da minha mulher, e me calo. Silêncio. E no silêncio, descubro que pedra tem olfato, pois, no silêncio, sinto o cheiro da chuva, que se mistura com o cheiro de terra molhada, e o cheiro de coisas molhadas me leva para a mata, onde tudo nasce e apodrece e onde a onça aguarda sua presa em silêncio. O cheiro do silêncio é o cheiro forte, azedo, do felino, imóvel igual a pedra.

E no silêncio, sou pedra. Pedra molhada, imóvel mesmo quando desliza pelo telhado banhado em chuva. Pedra imóvel, mesmo quando levanta voo porque a chuva parou. A pedra, mesmo quando desliza, não se mexe. A ave voa, mas permanece. O que se mexe é o céu.

Quando me deito no silêncio igual a pedra, quando me banho no silêncio igual a pássaro, quando fico parado no silêncio igual a onça, vejo que quem se mexe é a luz filtrada pela chuva, pelas gotas d'água no vidro, pelas folhas da mata.

Luz que se mexe é imagem que diz: não julgue, não avalie, não interprete. Fique calado, parado, em silêncio, igual a onça, que, atenta, só respira.

Inspira.

Expira.

Os pensamentos são chuva de verão, gotas d'água que borram a visão. E você é pedra que cai sem se mexer. O que ainda se mexe é apenas luz, luz suave, luz calorosa que envolve, luz amorosa que acolhe, luz que acha pedra, luz que banha pedra, luz que não julga pedra, pedra que vira ave, ave que bate asas para o céu, céu que é luz filtrada da mata, mata que abriga onça, onça que não se mexe, onça que é silêncio.

E o silêncio é sopro que inspira, que leva, carrega, transporta cheiro.

E cheiro é luz.

Inspira.

Expira.

E imagina.

Em outra ocasião, um casal de amigos nos levou a Nazaré, em Portugal. Antes de visitarmos o santuário, fizemos um passeio pelo parque de oliveiras onde o anjo tinha aparecido às três crianças. Li todas as placas informativas, tentei ouvir em minha imaginação as palavras duras que aquelas crianças receberam do mensageiro divino. E então me coloquei no lugar das crianças, e minha alma teceu um diálogo entre as árvores e pedras daquele jardim e os raios de luz que, de vez em quando, conseguiam romper as nuvens naquele dia encoberto.

Um anjo apareceu a crianças entre oliveiras, uma luz que lhes soprou ao ouvido orações de um Deus adulto. Agora, aquele lugar é sombra. Vejo as orações, as oliveiras, cujas folhas filtram a luz de uma voz. Uma voz forte que, das folhas das oliveiras, aprende a ser mansa, tenra, branda. Paz.

Brada no meu peito o eco da luz do anjo, e eu respondo: sou criança, não adulto.

Levanto a cabeça, levanto os olhos, levanto a mão e toco a gota d'orvalho na folha da oliveira. Toco a luz que refrata, quebra, se desfaz ao toque do meu dedo. Recolho o dedo, na folha molhada da oliveira permanece a lembrança da voz que soprava forte e agora só sussurra.

É preciso ser criança para ouvir o murmúrio, o farfalho, o sussurro das folhas das oliveiras. É preciso ser criança para ouvir as preces da luz refratada pelo musgo no tronco das oliveiras. É preciso ser criança para saborear a luz que se faz oliva.

Sinto paz na sombra das oliveiras, a luz do anjo que permanece acaricia minha pele, o pelo na nuca arrepia. Paz é vida que borbulha, paz é voz forte que, das folhas das oliveiras, aprende a falar baixo com a criança.

Luz que sussurra é imagem que diz: não julgue, não avalie, não interprete. Fique calado, parado, em silêncio, igual ao anjo, que, diante do farfalho das folhas das oliveiras, só respira.

Inspira.

Expira.

Os pensamentos são luz de primavera, orações das folhas de oliveira. E você é gota d'orvalho que ouve. O que ainda se mexe é apenas paz, paz suave, paz calorosa que envolve, paz amorosa que acolhe, paz que acha folha, paz que banha folha, paz que não julga folha, folha que vira voz, voz que vira sopro, sopro que é luz filtrada da oliveira, oliveira que acalma anjo, anjo que se cala, criança.

E o silêncio é sopro que inspira, que leva, carrega, transporta luz.

E luz é sombra. Imagem. Imagina.

A terceira meditação se deu quando fui visitar meus pais na Europa. A visita a eles é sempre uma experiência intensa, sempre traz à tona lembranças às vezes difíceis, e tenho dificuldades de acalmar a mente. Mas naquela noite de verão parei na frente da janela do meu quarto. Olhei para as poucas luzes que iluminavam as ruas do vilarejo e, de repente, dei-me conta de como a noite invadia o quarto pela janela aberta.

Dia desses, caiu a noite no quarto pela janela aberta. Queda silenciosa, mas tão repentina que eu, sentado à escrivaninha do meu quarto, me assustei. Saltei da cadeira, corri para a janela, olhei do alto do prédio para a alta noite. E lá, no meio da noite, vi a lua, silenciosa, mas repentina. A luz da lua salta aos olhos, se reflete em tudo, banha tudo, é reflexo de outro dia, mas não lembra nada, pois é silenciosa, embora repentina.

Do alto do prédio olhei para baixo, vi a cidade imersa na luz da lua. Os telhados da cidade pareciam um lago de telhas, que, onduladas, refletiam a luz da lua como se fossem ondas num lago à meia-noite. No meio da noite me perguntei: Qual é a relação entre a lua e os telhados da cidade? Pergunta silenciosa, mas repentina.

Pensei na noite e em como ela cai, repentina, mas em silêncio. Pensei no susto da queda em alta noite, na lua no meio da noite, na luz da lua que não se lembra de nada. Pensei na cidade com seus telhados ondulados, pensei nas ondas do lago à meia-noite. Pensei na pergunta que cai repentina e desaparece no silêncio. Pensei na luz, na janela, na noite, nos telhados da cidade no meio da noite, na lua à meia-noite, no lago que é a luz da lua quando cai a noite.

Eu queria que minhas palavras fossem como uma noite que cai pela janela. Pois noite não avalia, não julga, não interpreta. Ela cai parada, imóvel, sem se mexer. Parece que nem se comove. Parece que nem me ouve.

Eu queria ser noite. Eu queria ser noite banhada pela lua. Eu queria ser noite imóvel que nem sabe que caiu. Eu queria ser noite que nem sabe o que pensa, que não julga nem avalia o que pensa, que não interpreta o que pensa, pois só pensa no silêncio.

Penso na noite, e ouço silêncio. Olho para a lua, e fico em silêncio. Vejo os telhados da cidade que parecem lago ondulado, e me calo. Silêncio. E no silêncio, descubro que noite fala, pois, no silêncio, ouço o sussurro da lua, que se mistura com o murmúrio das ondas no lago que batem na margem e voltam, e o barulho das ondas do lago me levam para as ondas do mar, onde tudo desaparece e renasce das profundezas do silêncio. O som do silêncio é sussurro, murmúrio, farfalho, cochicho, pergunta, imóvel igual à noite.

E no silêncio, sou noite. Noite banhada, imóvel mesmo quando a lua se despede da noite. Noite imóvel, mesmo quando levanta voo porque o dia chegou. A noite, mesmo quando passa, não se mexe. O dia nasce, a noite vai, mas permanece. O que se mexe é a terra.

Quando me deito no silêncio igual à noite, quando me banho no silêncio igual à noite, quando fico parado no silêncio igual à cidade, vejo que quem se mexe é a luz da lua filtrada pela noite, pelas janelas fechadas para o sono, pelos rostos repentinos dos que ainda vagam pela noite.

A pergunta na noite banhada pela lua que transforma os telhados da cidade em lago ondulado é imagem que diz: não julgue, não avalie, não interprete. Fique calado, parado, em silêncio, igual ao susto diante da lua, que, atento, só respira.

Inspira.

Expira.

Os pensamentos são noite de luar, gotas de luz refletida nos seus olhos. E você é noite que cai sem se mexer. O que ainda se mexe é apenas luz, luz suave, luz calorosa que envolve, luz amorosa que acolhe, luz que acha lua, luz que banha a lua, luz que não julga lua, lua que vira lago, lago feito de ondas, ondas que são luz refletida da lua, lua que banha a noite, noite que não se mexe, noite que é silêncio.

E o silêncio é sopro que inspira, que leva, carrega, transporta o momento.

E momento é luz. Imagem. Imagina.

Evidentemente, existem muitas outras formas de meditação, e encorajo o leitor a experimentar métodos e técnicas diferentes até achar aquele que melhor funciona para cada um. Trabalho também muito com diversos tipos de música meditativa – dependendo de como me sinto em determinado momento. Às vezes, preciso de música calma, monótona e repetitiva, outras vezes, preciso que a voz de um cantor ou de uma cantora pegue meus pensamentos pela mão e os leve consigo. Talvez você prefira simplesmente ficar em silêncio e observar como seus pensamentos se acalmam cada vez mais com o passar de cada segundo, de cada minuto.

E a própria técnica de imaginação ativa, desenvolvida por Jung e explicada acima, pode e deve ser adaptada às suas preferências pessoais. Às vezes, depois de fazer a meditação e acalmar a mente, eu pego uma folha de papel e anoto o que me vêm à mente. Permito que o ritmo das palavras conduza a mão que escreve. Outros, preferem fazer a imaginação ativa desenhando as imagens que lhes vêm. O que vale para a meditação se aplica também à imaginação ativa: experimente, encontre a forma que mais lhe convém.

E não se esqueça: se não lhe vier nenhuma imagem durante a primeira tentativa, não desanime. Lembre-se que Jung precisou invocar sua alma durante um mês inteiro antes de obter uma resposta.

Por fim, faça um registro de sua imaginação ativa – mesmo que não tenha recebido nenhuma resposta da alma. Registre o que lhe passou pela cabeça, registre seus pensamentos, suas emoções, suas dificuldades, aquilo que você percebeu como obstáculo.

E quando receber uma imagem, registre-a da maneira mais fiel e detalhada possível. Descreva o que viu, o que sentiu, a sensação física durante a imaginação etc.

O registro é uma parte muito importante da imaginação ativa. Ao registrá-la, você a fixa e protege contra o esquecimento. O registro é também o primeiro passo no processamento das imagens que recebeu. Durante o registro da imaginação ativa acontece algo muito semelhante a quando você narra ou anota um sonho: durante o ato de registrá-lo, você já preenche lacunas, ressalta detalhes que chamam sua atenção, desenvolve uma narrativa.

E então guarde as imagens no peito como uma semente que, em algum momento, brotará e lhe revelará seu sentido.

E com cada semente que brotar no peito, você descobrirá que o vazio no seu peito, na verdade, não está vazio, mas abriga todo um universo.

O sétimo conto:
A pedra de Timbuctu

"Os mestres do Alcorão da Universidade de Sancoré afirmam que só Deus é capaz de amor verdadeiro. Alegam que é preciso contemplar a beleza do Único para sentir o aperto no coração quando Ele se lembra de nós", explicou-me a rainha de Timbuctu, enquanto meus colegas pesquisadores se fartavam à mesa real. Eu não estava com fome. A rainha nos tinha convidado, pois queria saber dos costumes e hábitos do povo da nossa distante terra natal.

"O que achas disso?", perguntou-me a rainha.

Escolhi minhas palavras com cautela. Não quis ofendê-la contrariando os sábios de sua cultura. Pedi um minuto para refletir. Pensei nos amores que eu tinha vivido ao longo da minha vida e percebi que não precisaria mentir.

"O amor", respondi finalmente, "é uma coisa furtiva. Quando acreditamos ter encontrado o amor verdadeiro, ele nos escapa e voltamos à estaca zero".

A rainha de Timbuctu aproximou sua boca do meu ouvido e sussurrou: "Acho que os mestres optaram pela resposta mais fácil. Eles são covardes, pois temem as adversidades que esperam aquele que busca o amor. Acredito que Deus nunca experimentou amor verdadeiro, pois para amar é preciso ter um corpo. Só um corpo sabe amar".

Refleti sobre isso. Lembrei-me do Deus da minha cultura que precisou tornar-se homem para morrer por seu grande amor.

Eu estava prestes a falar-lhe disso, quando a rainha se levantou e me puxou pelo braço: "Vem, quero mostrar-lhe algo".

Seguimos pelos infindáveis corredores do palácio feito de madeira e argila. "Tu sabes", explicou-me a rainha, "que não existem pedras em Timbuctu".

Todas as casas e prédios, inclusive a Universidade de Sancoré, eram feitos de madeira revestida de argila. Eu sabia dos danos que as chuvas torrenciais de agosto eram capazes de causar a essas estruturas frágeis no meio do deserto.

A rainha de Timbuctu me conduziu até um vão embaixo de uma escada. Era um espaço escuro, ignorado por aqueles que por ali passavam. A rainha acendeu uma vela, se agachou e esticou o braço até a fraca luz da vela iluminar o pequeno intervalo entre o chão e primeiro degrau da escada.

Apertei os olhos para ver melhor.

"Consegues enxergar?", perguntou a rainha.

"É uma pedra, pelo que me parece", respondi surpreso.

"Uma pedra um tanto bruta e pouco vistosa, sim", confirmou-me a rainha. "Uma pedra que não existe, mas aí está".

Mais tarde, um servo íntimo dos devaneios de sua rainha me puxou para o lado e me confidenciou: "Aquela pedra nada mais é do que uma bola de argila bruta que a rainha escondeu ali. Não existem pedras em Timbuctu".

Chorei quando ouvi essas palavras.

Desde aquele dia, dedico-me à busca pelo meu amor. Entendi que o amor não é algo que existe, é algo que se faz. É preciso ter mãos para formá-lo.

Posfácio

Forças sutis, mas implacáveis me arrastaram para a presença da Grande Mãe. Eu estava de olhos fechados, pois algo me dizia que não suportaria olhar para ela. Senti a presença dela em volta de mim, acima e abaixo de mim, uma energia forte, assustadora. Colocaram-me de joelhos, continuei de olhos fechados. Então ouvi a voz da Grande Mãe:

"Chega de brincadeiras! Chega de perder tempo! Abra os olhos!"

Mas eu me recusei, apertei ainda mais os olhos, eu sabia que o que ela queria me mostrar era algo terrível.

"Abra os olhos!", ela repetiu. "Olhe para mim!"

Então, finalmente, abri os olhos e vi –

nada.

No mesmo instante, fui tomado por um pavor, não porque o nada me assustava, mas porque o nada significava que eu precisaria largar todos os meus medos, todos os meus temores. E reconheci naquele instante também que eram os meus medos que determinavam minhas ações, que definiam como eu via o mundo. E o nada era o mundo em que eu viveria se largasse todos os meus medos, todas as minhas ansiedades, todos os meus receios. Para viver, eu teria que me jogar nos braços do nada.

Não consegui. Fiz o que sempre faço quando uma situação me desespera: cedi à ansiedade, tentei controlar a situação recorrendo aos recursos medíocres de sempre.

E isso levanta a pergunta: onde estou? Até onde a imaginação ativa já me levou em minha caminhada espiritual?

É difícil determinar em que ponto do caminho estamos. Quando acreditamos ter avançado um pouco, acontece algo que nos dá a impressão de que ainda nem passamos da linha de largada.

Na verdade, eu nem saberia explicar a mim mesmo o que entendo por "espiritualidade". A definição de espiritualidade que tentei dar neste livro como busca daquilo que é maior do que eu não é muito informativa, para dizer o mínimo. Quando estou deitado na rede na varanda da minha casa aqui neste lindo lugar chamado Arraial d'Ajuda e me percebo como parte da natureza que me cerca – isso se qualifica como experiência espiritual? Quando minha imaginação me leva para a presença de uma deusa e dela ouço palavras que não consigo pôr em prática – isso faz de mim uma pessoa espiritualizada?

Minha resposta tende a ser negativa.

Alguma imaginação ativa me levou à morte antes da morte, como diziam os gregos antigos?

Algumas das minhas imaginações ativas foram aterrorizantes, apavorantes, mas elas exigiram que eu morresse ainda vivo? Para dizer a verdade, nem consigo imaginar o que isso possa significar. Naquele assalto em março de 2022, encarei a morte, mas não morri.

Às vezes, tenho a impressão de que nem cheguei a bater à porta do submundo. E quando me é oferecida a oportunidade de ir um pouco além daquilo que conheço, quando teria que confiar um pouco mais na alma que me trouxe até aqui e desistir dos mecanismos de controle que tantas e tantas vezes já comprovaram sua ineficácia, eu recuo.

Reconheço, porém, que a prática da imaginação ativa teve um impacto transformador sobre minha vida. Ela me confrontou com sombras, me ajudou a redefinir toda a minha abordagem à espiritualidade como um todo, e – em um aspecto e outro – fez de mim um homem melhor. E não poderia ser diferente: parafraseando a famosa frase de Johann Wolfgang Goethe, referindo-se a viagens a países distantes: "Ninguém passeia impunemente sob palmeiras", poderíamos dizer: "Ninguém se aproxima impunemente do sagrado". O contato com o divino, por mais efêmero que seja, nos muda.

Ao mesmo tempo, porém, a imaginação ativa me conscientizou de minha fraqueza e fragilidade como ser humano. As melhorias alcançadas são nada em comparação com o caminho que ainda tenho pela frente.

E isso me leva à pergunta central: Qual é o objetivo último do confronto com o inconsciente, da busca do sagrado, do contato com o divino? Por que faço isso? Para quê? Para quem?

Acredito que as experiências relatadas neste livro dispensem a necessidade de repetir o que e quanto a prática da imaginação ativa me trouxe em um nível pessoal. A experiência da intimidade comigo mesmo vale todas as dificuldades, todos os sofrimentos, todas as dores que o confronto com os conteúdos emergentes do inconsciente me causou. O contato com o divino me fez entender por que, nas religiões antigas, as pessoas tiravam as sandálias quando pisavam em terra sagrada.

E, evidentemente, essa experiência transforma também as relações com as pessoas com que convivo. Sim, a imaginação ativa despertou em mim o desejo de ser uma pessoa melhor – embora eu ainda esteja tentando descobrir o que, exatamente, isso significa.

Mas, por trás disso tudo, percebo um anseio mais profundo. Enquanto escrevia este livro, tentei encontrar palavras capazes de expressar o que eu sentia ou pressentia. Encontrei as palavras no livro *Catafalque: Carl Jung and the end of humanity* [Catafalco: Carl Jung e o fim da humanidade], de Peter Kingsley. No capítulo 5 da primeira parte, depois de descrever como Platão questionou e ridicularizou a preocupação dos pré-socráticos com os deuses, ele escreve:

> […] nada poderia ter sido mais desastroso, pois seu argumento foi apenas mais um prego no caixão da nossa relação com o sagrado – foi mais um passo em articular a atitude inconsciente que diz: "Vamos garantir que o divino cuide bem de nós. Mas quanto ao que o divino poderia precisar de nós: que ele cuide de si mesmo".
>
> Daí em diante […] a ideia de cuidar dos deuses, como que por magia, começa a desaparecer no mundo ocidental. […]
>
> E as consequências disso se estenderam para muito além da Grécia ou de Roma. Por milhares de anos, os cristãos têm ido à igreja não para cuidar de Deus, mas para garantir que Deus cuide deles (Kingsley, 2018, p. 29)[9].

---

9. [Tradução minha.] Texto original: "Nothing could be more disastrous because his argument is just another nail in the coffin of our relation to the sacred – is one more step in articulating the unconscious attitude that says 'Let's make sure the divine takes good care of us. But as for finding what, in reality, the divine might possibly need: let it look after itself'. From here onwards one can

Um pouco mais adiante, lemos:

> É claro que sempre houve as exceções entre os místicos cristãos. Nas regiões rurais da Grécia, vi pessoalmente como mulheres idosas continuam a cuidar dos ícones dentro de pequenas igrejas como se estivessem cuidando de Cristo e de sua Mãe. Uma noção do que significa cuidar do divino continua viva em diferentes comunidades aqui e ali, só para ser esmagada pelas forças cruéis do progresso ocidental.
>
> Mas, em geral, os cristãos civilizados têm aprendido a se importar exclusivamente com como Deus […] cuida dos humanos.
>
> E agora, em momento algum, ocorre-nos que o divino poderia estar sofrendo com nossa negligência; que o sagrado anseia desesperadamente por nossa atenção […].
>
> Hoje em dia, a verdade é muito simples. Ela gira exclusivamente em torno de mim, de mim e de mim (Kingsley, 2018, p. 29-30)[10].

[…] watch how the idea of looking after the gods starts, almost as if by magic, vanishing from the western world. […] And those consequences extended far beyond Greece or Rome. For thousands of years Christians have flocked to church not to look after God; only to check that God is looking after them".

10. [Tradução minha.] Texto original: "Of course there have always been the exceptions among Christian mystics. And I have seen for myself in rural Greece how old women go on caring for the icons inside the small churches as if they are caring for Christ and his mother in person. A sense still stays alive across different communities here and there, just before they are crushed by the ruthless forces of western progress, of what it means to care for the divine. But in general the one thing civilized Christians have learned to care about is how God […] is going to care for humans. And now it never for a moment occurs to us that the divine might be suffering, aching from our neglect; that the sacred desperately longs for our attention […]. The truth nowadays is very simple. They are all about me and me and me".

A imagem das senhoras que, em algum canto remoto e esquecido deste mundo, em alguma capela frequentada por apenas um punhado de pessoas, cuidam das representações sagradas de Cristo e de Nossa Senhora me impressionou e comoveu profundamente. Imaginei o que aconteceria com aqueles ícones sem o cuidado e a atenção constantes que aquelas senhoras dão a essas figuras...

No nível simbólico, as consequências seriam desastrosas.

Quando entro em contato com o sagrado, percebo que faço parte, estou imerso e dependo de algo que é muito maior do que eu. Entendo não só que esse todo sustenta minha vida física, psíquica e intelectual, mas que cumpro uma função que se estende para além da sustentação e preservação de minha vida pessoal.

Recebo e dou.

A função da imaginação ativa não consiste em diminuir meu sofrimento, em encontrar uma cura para meus traumas, em tornar-me uma pessoa "melhor", em me ajudar a alcançar minhas ambições pessoais. Na imaginação ativa, meu ego deixa de ser o centro de minha vida. Deixo de viver em função de mim mesmo.

O sentido da vida não consiste em diminuir meu sofrimento, em encontrar a cura para meus traumas, em tornar-me uma pessoa "melhor", em descobrir como posso realizar minhas ambições pessoais, mas em suportar todo sofrimento necessário, em morrer ainda vivo, para, como diz Peter Kingsley, "cuidar dos deuses".

Mas isso é tema para outro livro.

Referências

Jung, C.G. (2002). *Cartas II*. Vozes.

Jung, C.G. (2011). *A vida simbólica*. Vozes [OC 18/2].

Jung, C.G. (2021). *Os Livros Negros*. 7 vols. Vozes [citados como LN].

Kingsley, P. (1999). *In the dark places of kingdom*. Element.

Kingsley, P. (2018). *Catafalque: Carl Jung and the end of humanity*. Catafalque.

Conecte-se conosco:

f facebook.com/editoravozes

◉ @editoravozes

𝕏 @editora_vozes

▶ youtube.com/editoravozes

◯ +55 24 2233-9033

www.vozes.com.br

Conheça nossas lojas:

www.livrariavozes.com.br

Belo Horizonte – Brasília – Campinas – Cuiabá – Curitiba
Fortaleza – Juiz de Fora – Petrópolis – Recife – São Paulo

  Vozes de Bolso

EDITORA VOZES LTDA.
Rua Frei Luís, 100 – Centro – Cep 25689-900 – Petrópolis, RJ
Tel.: (24) 2233-9000 – E-mail: vendas@vozes.com.br